懐かしい沿線写真で訪ねる

京浜東北線・宇都宮線・高崎線
（東京〜大宮間）

街と駅の1世紀

藤原 浩 著

◎神田駅に停まる半室2等（現・グリーン車）の京浜線電車（昭和32年）　撮影：上原庸行

アルファベータブックス

CONTENTS

まえがき … 4	南浦和 … 34	片岡・矢板 … 66
	浦和 … 36	野崎・西那須野 … 68
東京 … 6	北浦和・与野・さいたま新都心 … 38	那須塩原・黒磯 … 70
神田・秋葉原・御徒町 … 8	大宮 … 40	宮原 … 72
上野 … 10	土呂・東大宮 … 44	上尾・北上尾 … 74
鶯谷 … 14	蓮田・白岡・新白岡 … 46	桶川・北本 … 76
日暮里・西日暮里 … 16	久喜・東鷲宮 … 48	鴻巣・北鴻巣 … 78
田端・上中里 … 18	栗橋 … 50	吹上・行田 … 80
王子 … 20	古河 … 52	熊谷 … 82
東十条 … 22	野木・間々田 … 54	籠原・深谷 … 84
尾久 … 24	小山 … 56	岡部・本庄・神保原 … 86
赤羽 … 26	小金井・自治医大・石橋・雀宮 … 58	新町・倉賀野 … 88
川口 … 30	宇都宮 … 60	高崎 … 90
西川口・蕨 … 32	岡本・宝積寺・氏家・蒲須坂 … 64	新前橋・前橋 … 94

本書内の「現在」は、原則として本書発行時点を意味します。
本文の駅概要欄の「乗車人員」は2014年の数値です。

昭和戦前期の沿線案内

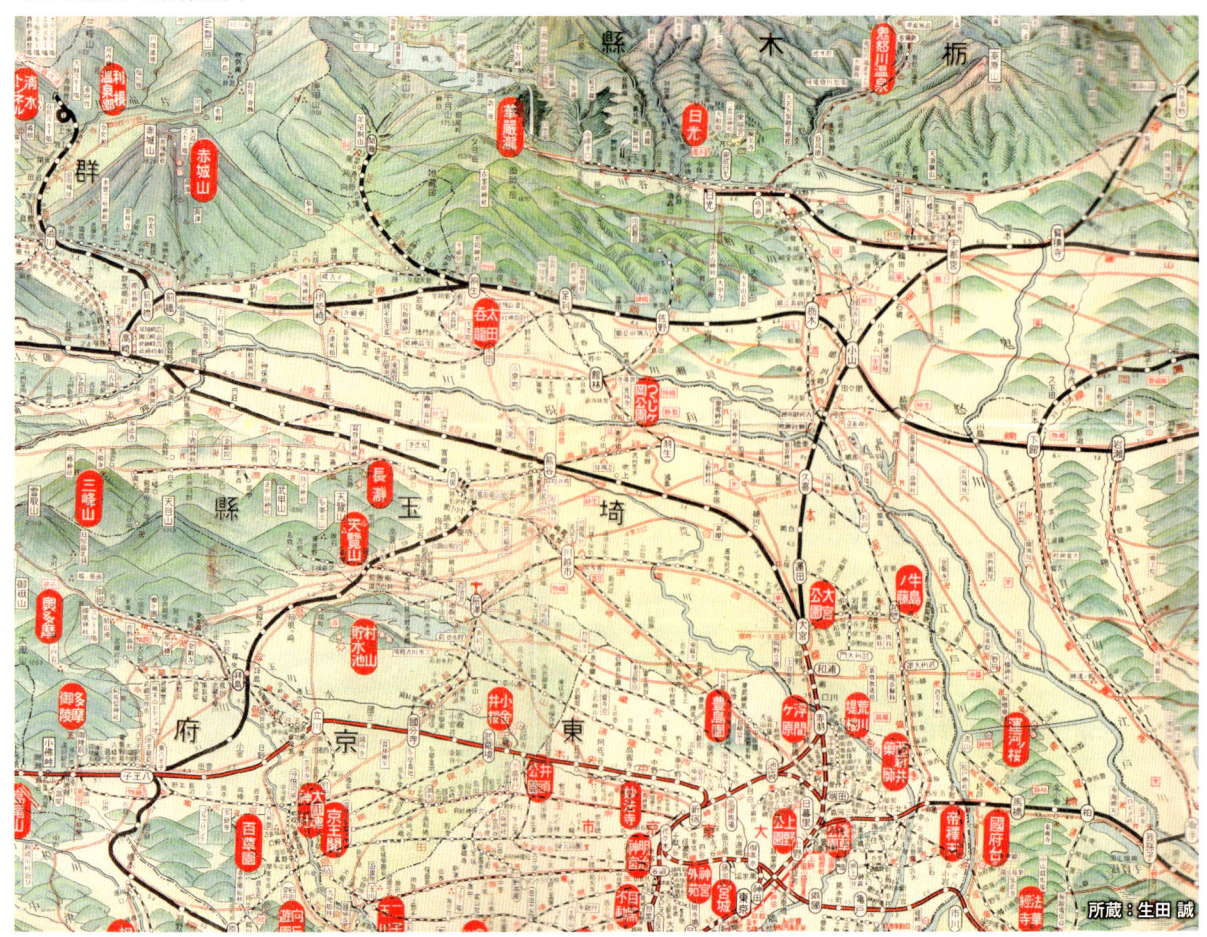

所蔵：生田 誠

昭和15年当時の「京浜線」時刻表

上野駅に停車中に「松島」（昭和28年）

撮影：伊藤 昭

まえがき

　本書で紹介する宇都宮線と高崎線は、ともに明治10年代の鉄道草創期の開業という、非常に古い歴史を有している。国土を縦貫する幹線として、また殖産興業を支える産業路線として重要な役割を果たすべく建設されたのである。さらに特筆すべきは、官設ではなく"日本鉄道"という私鉄によって建設されたことで、その後の私鉄ブームの先駆けとなるなど、近代史に多大な足跡を残している。

　周知のように、日本の鉄道史は明治5(1872)年の新橋～横浜間の開業によって幕を開ける。この鉄道は官設、つまり国有鉄道として建設され、以後も西へ向かって建設が進められることになっていた。他のアジア諸国が鉄道を欧米列強の資本に牛耳られ、国土が植民地化されてゆく過程を目の当たりにしていた明治政府は、鉄道は原則、国営で建設・運営する方針であった。

　しかしながら、財政事情がそれを許さなかった。新政府の財政事情は発足直後より火の車で、とりわけ西南戦争に多額の出費を要して以降、鉄道建設もおぼつかなくなる。そこで将来的な国家による買収を前提に、私鉄の建設を認める方針に転じたのである。こうして政府の肝いりで日本鉄道が発足し、明治16(1883)年に上野～熊谷間が開通する。翌年には高崎まで開通、現在の高崎線の基礎が築かれることとなる。

　また明治18(1885)年には第2期線である大宮～黒磯間が開業するが、その後は青森まで路線を延ばし、東京にも路線網を築くなど、官設鉄道を凌駕する大鉄道会社へと発展した。そして日露戦争のさなかの明治38(1905)年、鉄道国有法により政府に買収され、国鉄路線へと組み込まれていくことになるのである。

＊　＊　＊

　さて、私鉄による鉄道建設の奨励により、日本鉄道以外にも甲武鉄道や総武鉄道などの大私鉄が次々と誕生し、着々と路線網が築かれていくこととなった。しかし、各鉄道会社がバラバラにターミナル駅を構えたため、都心での交通の便が悪くなってしまったのである。そこで各路線を接続して新たに「中央停車場」を設けるという構想が生まれるのだが、この中央停車場構想は紆余曲折を経て、大正3(1914)年の東京駅開業として結実する。大正14(1925)年には東京～上野間も開業、ここに首都圏の主要路線が全て東京駅発着となるはずであった。

　だが、実際には様々な物理的要因により、その後も

東京駅付近を走る103系（昭和47年）

撮影：小川峯生

鶯谷～日暮里間の京浜東北線と山手線の103系（昭和54年）

撮影：安田就視

長距離列車は大半が上野発着のままとめ置かれた。ごく一部の優等列車が東京まで乗り入れる例はあったが、基本的に東北、上信越方面への長距離列車は"上野発着"が原則であり、その結果として上野駅は東京駅とは違った、郷土色の強いターミナルとして発展することになる。

一方、増え続ける東京の人口をさばくため、首都圏では山手線と京浜東北線という2本の電車線が発展する。この2線は、旧日本鉄道線と官設鉄道線を中心に形成されたネットワークであり、とりわけ京浜東北線は正式な名前も持たないまま延伸されていく。昭和7(1932)年には運転区間が大宮まで延伸され、ほぼ現在の京浜東北線の形が出来上がるが、同時に大宮以南の多くの駅で中長距離列車が停車しなくなった。以後、"東北本線"所属駅でありながら東北本線の列車が停まらないという、現在に受け継がれる奇妙な運行スタイルが確立することとなる。

* * *

第2次世界大戦後も、東北本線および高崎線は長距離列車が中心に発展するが、沿線人口も次第に増え、新駅が次々と建設されてゆく。そして昭和57(1982)年に東北・上越新幹線が大宮起点で暫定開業を果たし、これまで運行列車の大半を占めていた長距離列車の多くが姿を消した。その後は次第に通勤路線へとシフトしはじめ、国鉄の分割民営化後には上野～黒磯間に「宇都宮線」という愛称が付けられる。平成9(1997)年には長野新幹線も開業、特急「あさま」が姿を消すと、宇都宮線・高崎線にはわずかな優等列車しか残らなくなった。

21世紀に入り、明治時代以降の悲願であった都心への直通運転が図られる。平成13(2001)年に湘南新宿ラインが開業して新宿、渋谷、横浜方面への直通ルートが確立されるが、平成27(2015)年3月には上野東京ラインが開業、宇都宮線・高崎線列車の大半が東京、品川、東海道本線方面へと直通することになった。ここにようやく、"中央停車場"としての東京駅が完成を見ることになるのである。

このように、130余年の歴史のなかで、時代とともにその姿を変えてきた宇都宮線・高崎線。懐かしい写真とともに、在りし日の記憶に思いをはせていただければ幸いである。

2015年8月　藤原　浩

新幹線工事が進む王子駅北口の俯瞰（昭和58年）

川口～赤羽間の荒川橋梁を渡る103系（昭和61年）

とうきょう

東京

東京の"中央停車場"として誕生した
辰野金吾設計の壮麗な赤レンガ駅舎

開 業 年	大正3（1914）年12月20日
所 在 地	東京都千代田区丸の内1−9−1
キ ロ 程	0.0km（東京起点）
駅 構 造	高架駅・地下駅
ホ ー ム	在来線（高架）5面10線、在来線（総武地下）2面4線、在来線（京葉地下）2面4線、新幹線5面10線
乗車人員	418,184人　*2014年度

東京市庁（昭和戦前期）
明治31（1898）年に建設され、その後、数次にわたり分庁舎が建てられた。

東京駅丸の内駅舎（大正期）
当時も東京の観光名所であった丸の内駅舎の絵葉書。駅前広場が広々としていて、現在とは違った印象を受ける。

157系で運行された準急「日光」（昭和39年）
特急並みの設備を誇る157系で運行されていた準急「日光」。東武特急に対抗するため、一部列車は東京駅発着で運行されていた。

東京駅（現在）
赤レンガの丸の内駅舎は、開業当時のドーム屋根が復原されている。背後には大手町のオフィスビル群が見える。

　大正3（1914）年に開業した、言わずと知れた日本最大の鉄道ターミナル。その構想は明治20年代にさかのぼり、新橋や上野など東京各地に分散されつつあったターミナルを統合する、帝都・東京の"中央停車場"として計画されたのである。構想から開業までは四半世紀の月日を要したが、国家の威信を賭けたプロジェクトであり、駅舎も欧米の主要ターミナルに引けを取らない壮麗な建造物となった。当代随一の建築家・辰野金吾が設計した赤レンガ駅舎は、戦災で3階部分を焼失したものの、平成24（2112）年に復原され、今では観光スポットとして人気を集めている。

　四方へと延びる幹線の基点を集中させるという東京駅の設計思想は、現在に至るまで脈々と受け継がれている。戦後になっても昭和47（1972）年に地下ホームが開業して総武快速線の、平成2（1990）年には京葉地下ホームが完成して京葉線が乗り入れている。また平成3（1991）年には東北・上越新幹線が乗り入れ、長らく上野駅が担ってきた北日本への玄関口も東京に移ることとなった。そして平成27（2015）年の上野東京ラインの開通により、宇都宮・高崎線・常磐線も乗り入れを果たし、名実ともに日本の"中央停車場"としての地位を不動のものとするに至っている。

山手線と京浜線の複々線が完成（昭和31年）
昭和31（1956）年11月19日、田端〜田町間の複々線化が完成し、山手線と京浜線が同方向で並んで走る方向別複々線が完成した。

特急「ひばり」（昭和42年）
昭和40年代に1往復が東京駅に乗り入れていた、仙台行き特急「ひばり」。この東京〜上野間の路線は、東北新幹線建設に際して分断された。

古地図探訪
昭和5年／東京駅付近

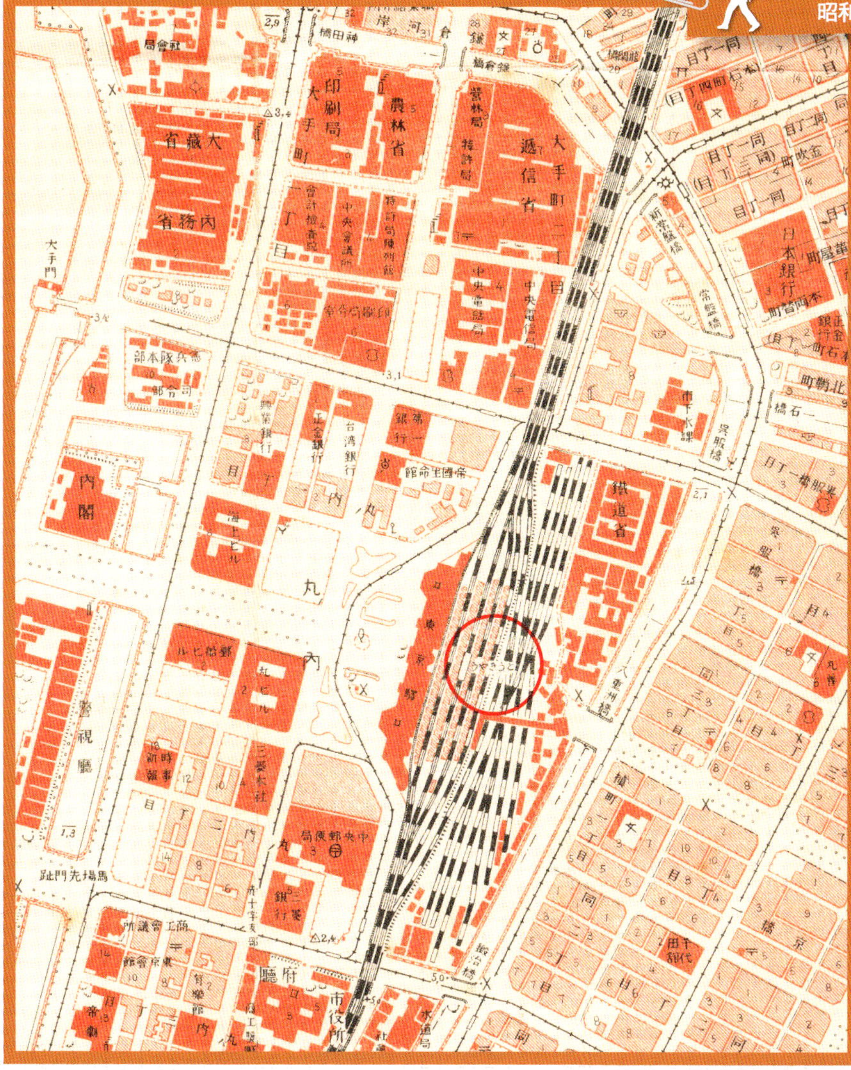

東海道線の起点として、大正3（1914）年12月に開業した時点の東京駅には、北に向かう旅客線は存在しなかった。しかし、大正8（1919）年3月に中央線の乗り入れで神田駅まで、大正14（1925）年11月の東北線の乗り入れで上野駅まで路線がつながる。

また、昭和4（1929）年12月には、八重洲口が開設されている。この当時、八重洲側には鉄道省があった。埋め立てられる前の外堀には八重洲橋、呉服橋などが架かっている。

一方、丸の内（皇居）側には、丸ビル、郵船ビル、海上ビルなど比較的新しいビルと、やがて移転することになる警視庁や帝国生命館、時事新報の建物が残っている。現在は「KITTE」となった東京中央郵便局は、旧庁舎の位置である。その南側には、三菱銀行本社が建つが、後に都庁となって西新宿に移転する（東京）府庁、市役所の敷地が広がっていた。北側の大手町には、逓信省、農林省、大蔵省、内務省などがあった。

かんだ・あきはばら・おかちまち
神田・秋葉原・御徒町

東京駅開業後に延伸された
東京〜上野間の京浜東北線停車駅

神田

開業年	大正8(1919)年3月1日
所在地	東京都千代田区鍛冶町2-13-1
キロ程	1.3km(東京起点)
駅構造	高架駅
ホーム	3面6線
乗車人員	97,251人 *2014年度

秋葉原

開業年	明治23(1890)年11月1日
所在地	東京都千代田区外神田1-17-6
キロ程	2.0km(東京起点)
駅構造	高架駅
ホーム	4面6線
乗車人員	241,063人 *2014年度

御徒町

開業年	大正14(1925)年11月1日
所在地	東京都台東区上野5-27
キロ程	3.0km(東京起点)
駅構造	高架駅
ホーム	2面4線
乗車人員	67,502人 *2014年度

神田駅前を走る都電(昭和45年)
中央通りの今川橋付近から神田駅方向を見る。都電の廃止直前の風景であり、現在は上野東京ラインの高架線が視界を遮るため駅のホームもあまり見えない。

神田市場(昭和戦前期)
関東大震災によって使用不能となった旧市場に代わり、昭和3年に開場。平成2年の大田市場完成まで青果物流通を担った。

秋葉原駅(昭和36年)
かつての"電気街口"。駅ビルには「アキハバラデパート」が入居していた。

御徒町駅を望む(昭和45年)
上野広小路の交差点より、御徒町駅方面を見る。右手は松阪屋上野店。

　神田駅は大正8(1919)年に中央本線が万世橋駅(現在の「mAAch ecute(マーチエキュート)神田万世橋」にあった駅)から延伸され、東京まで乗り入れた際に開業した駅である。その6年後に東北本線が上野方面から開通、現在のような乗換駅となった。従来は京浜東北線の快速列車は通過していたが、平成27(2015)年3月の上野東京ライン開業により、快速停車駅となっている。

　日本一の電気屋街として知られ、今では"オタクの聖地"として人気を集める秋葉原は、明治23(1890)年に日本鉄道の貨物駅として開業した歴史を持つ。国有化後も隅田川貨物駅と並ぶ首都圏有数の貨物駅であったが、次第に山手線・京浜東北線および総武線の乗換駅として発展する。昭和50(1975)年に貨物営業は廃止された後、長らく貨物駅の跡地が残っていたが、2000年代に入り再開発が進んだ。なお上野東京ラインは旧貨物線を転用して開業させた路線である。

　そして御徒町駅は上野の繁華街の一角に位置し、上野駅からも歩いて10分足らずの距離にある。上野駅の不忍口前から続く"アメ横"こと「アメヤ横丁」の入口が近く、駅周辺はつねに買い物客であふれている。なお上野東京ラインの開業以降、京浜東北線の快速列車が土休日のみ停車するようになった。

御徒町駅（昭和45年）
京浜東北線で旧型国電が活躍していた最末期、72系が御徒町駅に停車。まもなく103系にとって変わられることになる。

神田駅（現在）

神田駅の高架下（現在）

秋葉原駅（現在）

御徒町駅（現在）

古地図探訪
昭和5年／神田・秋葉原駅付近

　昭和5（1930）年の地図であり、総武本線延伸部分の御茶ノ水〜両国間はまだ開通していない。中央線上には、万世橋駅があった。この駅の南側が東京の市内交通の要地だった須田町で、中央通り、靖国通りの路線が交差する市電とともに、万世橋駅、秋葉原駅の省線（現・JR）間を含めた乗り換え客で大いに賑わう場所だった。

　秋葉原駅の東側には、旅客線の開業前からあった貨物駅が広がり、北側には東京の野菜・果物取引の中心地、神田青果市場が存在していた。その西側、少し離れた場所には神田明神（神田神社）が鎮座し、この当時、南側には東京博物館があった。万世橋駅付近にはまだ交通博物館は移転してきておらず、万世橋警察署、神田郵便局だけが見える。

　一方、神田駅の周辺は家屋が密集しているものの、目立つ大きな建物は少ない。地図上に見えるのは、「文」の地図記号がある学校だけである。この中には廃校になったところもあるが、神田駅の西側、（神田）新銀町に見える神田小学校は現在、統廃合されて千代田区立千代田小学校となっている。

うえの

上野

今なお郷愁を感じさせる
130余年の歴史を誇るターミナル

開業年	明治16(1883)年7月28日
所在地	東京都台東区上野7-1-1
キロ程	3.6km(東京起点)
駅構造	地上駅・高架駅(在来線)、地下駅(新幹線)
ホーム	3面5線(在来線・地上)、6面12線(在来線・高架)、2面4線(新幹線・地下)
乗車人員	182,468人　*2014年度

上野広小路のガード(昭和戦前期)
上野公園から広小路のガードを眺める。2代目駅舎が建設の途中であり、ガード下を東京市電が行き交う様子が分かる。

上野駅(昭和47年)
都電廃止直前の上野駅前。真上を開通して間もない首都高速1号線が通過し、新旧の交代を印象づける。

ガード上を走る蒸気機関車(昭和32年)
上野広小路のガード上を蒸気機関車が走る。秋葉原貨物駅や東京駅に向かうため、単機で走ることも多かった。

上野駅(現在)
駅舎は昭和7(1932)年築の2代目が現在も使われている。人通りが広小路口や公園口などに移り、かつての正面入口は主に荷物搬入用に使われている。

　首都圏で最も旅情を感じる駅はどこかと聞かれれば、おそらく多くの人が「上野」と答えるだろう。明治16(1883)年の日本鉄道開業以来の歴史を持ち、現存する首都圏のターミナルでは品川駅に次ぐ歴史を誇っている。全盛期には東北本線、常磐線、信越本線、上越線など東日本全域の長距離列車が発着し、東北本線は青函連絡船に接続して北海道への玄関口の役割を果たしていた。そして石川啄木が「ふるさとの訛りなつかし停車場の　人ごみの中にそを聞きにゆく」と詠ったように、駅構内はいつも東北なまりで溢れ、集団就職で上京した人たちや修学旅行生などでごった返していたのである。

　首都圏では珍しく櫛形の地平ホームを持ち、優等列車がずらりと並ぶ光景はヨーロッパのターミナルのような雰囲気を醸し出していた。しかし東北・上越新幹線の開業以降、上野を発着する優等列車は次第に姿を消し、ターミナルとしての地位は次第に低下していく。そして平成27(2015)年3月の上野東京ラインの開通により、特急を含めた常磐線・高崎線・宇都宮線の列車が東海道線方面へ直通を開始、これにより上野駅はターミナルとしての機能を事実上喪失している。今後は東京屈指の観光エリア・上野の玄関駅として、新たな賑わいを見せていくことになるだろう。

上野駅広小路口（現在）

上野駅パンダ橋口（現在）

上野駅駅前の様子（現在）

上野駅公園口（現在）

撮影：荻原二郎

上野駅公園口（昭和37年）
改築前の上野駅公園口。帝室博物館への玄関口であっただけに、クラシックなデザインが採用されていた。

古地図探訪
大正5年／上野駅付近

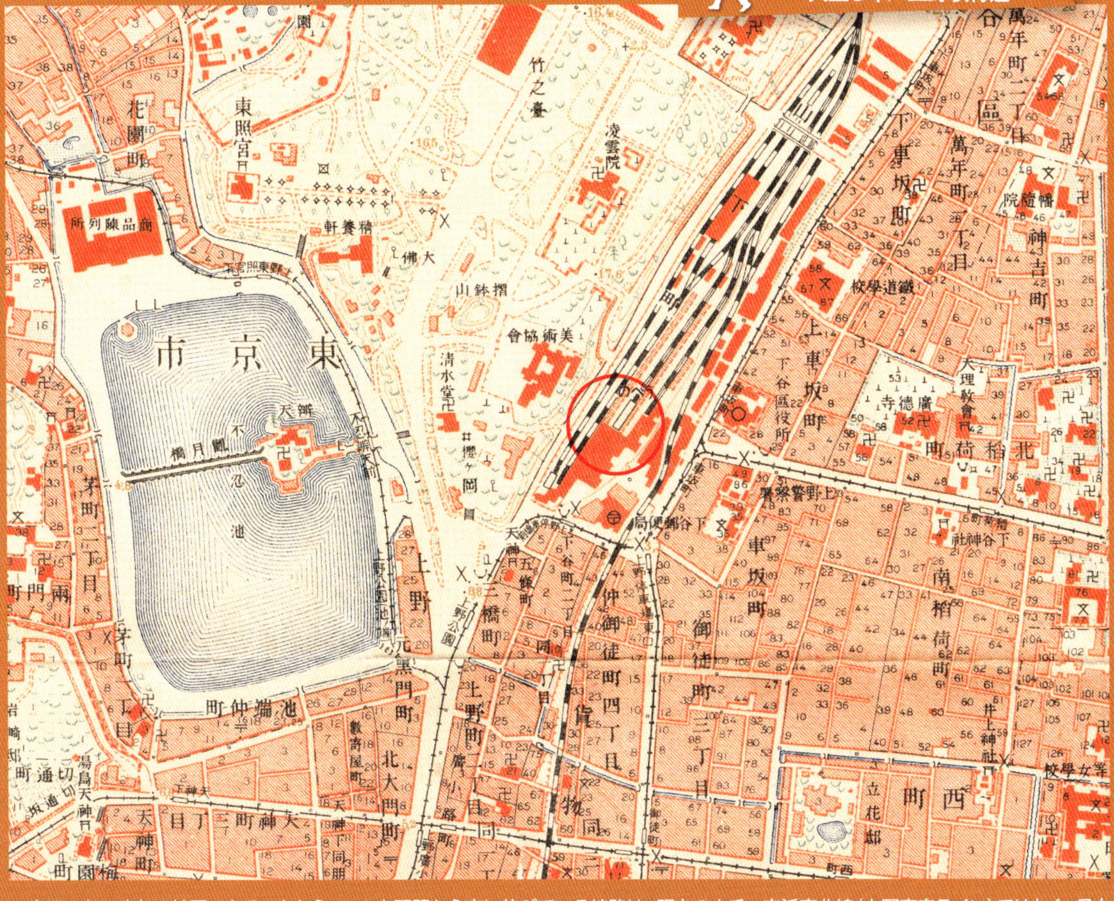

大正5（1916）年の地図であることから、この上野駅から南に伸びている線路は、現在の山手・京浜東北線（上野東京ライン）ではなく、日本鉄道時代からあった貨物線であることがわかる。上野駅の駅舎も現在のものではなく、明治から存在した先代の駅舎だった。

駅前の東側には、現在の台東区役所の前身、下谷区役所が存在している。また、上野警察署はそのままの位置にあるが、下谷郵便局は現在、名称が上野郵便局と変わり、鶯谷駅寄りに移転している。

駅の西側には、上野公園（寛永寺、東照宮）が広がっている。この頃は「竹之台」と呼ばれており、東京国立博物館のほかには、美術館、博物館は存在しなかった。西側には、関東大震災で倒壊した「大仏」とともに精養軒があり、現在の上野の森美術館の場所に美術協会があった。上野動物園西園のある場所には、博覧会の跡地、施設を利用した商品陳列所となっていた。

準急「日光」(昭和31年)
157系が投入される以前、キハ44800形(キハ55形)で運行されていた当時の準急「日光」。左側は80系電車。

準急「なすの号」登場(昭和34年)
昭和34(1959)年3月、上野〜黒磯間に準急「なすの」が登場。157系を投入したデラックスな編成で人気を呼んだ。

特急「白鳥」運行開始(昭和36年)
昭和36(1961)年に北陸経由で大阪〜青森・上野間で運行を開始した特急「白鳥」。上野始発の列車は、のちに「はくたか」と改名された。

高架ホームに並ぶ「ひばり」と「日光」(昭和37年)
仙台行き特急「ひばり」は、盛岡までの電化が完成する昭和40(1965)年まで、80系気動車で運行されていた。

急行「あづま」(昭和39年)
昭和39(1964)年のダイヤ改正で登場した上野〜福島間の急行「あづま」。451系で運行され、ビュッフェ車両も連結されていた。

地上ホームに到着したEF53形電気機関車(昭和37年)
戦前に主力機関車として活躍したEF53形。写真の1号機は後にEF59形10号機と改番され、最も長く活躍した車両である。

客車普通列車と並ぶ特急「はつかり」(昭和57年)
上野駅は首都圏では一番遅くまで、旧型客車による普通列車(写真は黒磯行き)が運行されていた。青森行き特急「はつかり」とのツーショット。

「はつかり」と「ひたち」(昭和57年)
今はなき18・19番ホームに並ぶ、青森行き特急「はつかり11号」と、平(現・いわき)行き特急「ひたち13号」。

583系時代の特急「ひばり」(昭和56年)
上野〜仙台間を結んだ特急「ひばり」。大半が485系での運行であったが、583系で運転されることもあった。

寝台特急「はくつる」(昭和47年)
583系で運用されていた上野〜青森間を結ぶ「はくつる」。晩年は24系客車で運用されていた。

乗客でごった返す高架ホーム
お盆の帰省ラッシュ時だろうか、特急「とき」「あさま」が停車する7・8番ホームは乗客でごった返している。

晩年の489系(平成22年)
夜行急行「能登」として上野〜金沢間で運行されていたボンネットの489系。「ホームライナー鴻巣」「ホームライナー古河」などの運用にも入っていた。

昭和7年の時刻表(上野〜大宮間)

京浜線が大宮まで延伸される直前、昭和7(1932)年4月の上野〜大宮間の時刻表。このあと半年で、この区間の駅に長距離列車は停車しなくなった。

うぐいすだに
鶯谷

江戸時代以来の行楽地であり
今も観光客の絶えない駅

開 業 年	明治45(1912)年7月11日
所 在 地	東京都台東区根岸1-4-1
キ ロ 程	4.7km(東京起点)
駅 構 造	地上駅(一部橋上駅)
ホ ー ム	2面4線(通過線6線)
乗車人員	24,444人 *2014年度

寛永寺の五重塔(昭和戦前期)
寛永8(1631)年に建立の初代の塔が8年後に焼失し、すぐに再建された。昭和33(1958)年に寺から東京都へ寄贈された。

撮影：荻原二郎

鶯谷駅南口(昭和38年)
寺の多い周囲の景観に沿うように、純和風の瓦屋根駅舎を持つ南口。正面には小さいながらロータリーがあり、タクシーが客待ちしている。

鶯谷駅南口(現在)
瓦屋根の駅舎は改築されているものの以前と変わらない。上野公園や入谷方面に近く、観光客の姿もよく見られる。

鶯谷駅北口(現在)
閑静な南口とは打って変わって、雑多な賑わいを見せる北口。ホームとは地下道で結ばれている。

　鶯谷駅は山手線内の駅では最も乗降客の少ない駅である。ホームの北側を常磐線と宇都宮線・高崎線が併走し、北口の改札口に出るにはこれら線路の下に設けられた通路を通ることになる。当駅から西日暮里駅にかけての3駅は、京浜東北線の快速列車通過駅であり、日中の約5時間は山手線の列車しか停車しない。
　「鶯谷」という風流な地名は、江戸時代にウグイスの名所であったことに由来すると伝わるが、正式な地名ではなく、駅北側の地名は「根岸」である。根岸といえば正岡子規が主催した根岸短歌会で知られ、子規が起居した子規庵には森鴎外や伊藤左千夫ら文人たちが集った。子規庵の所在地は駅北口から近く、空襲で焼失したものの後に再建され、現在は一般公開されている。
　また、駅東側の地名は「下谷」「入谷」であり、「恐れ入谷の鬼子母神」として有名な真源寺も近い。7月には真源寺で「あさがお市」が開かれ、多くの行楽客が訪れる。そして南側は上野公園の北端に接しており、寛永寺や東京国立博物館への最寄り駅でもある。このように周辺に観光スポットが多いこともあり、山手線内の駅では珍しく、風情豊かな行楽色の強い駅となっている。

客車列車を牽引するEF53形電気機関車（昭和38年）
昭和7（1932）年に登場、「つばめ」「富士」などの看板列車を牽引していたEF53形だが、晩年はもっぱら普通客車列車を牽引していた。

急行「まつしま」（昭和57年）
上野〜仙台間を結び、特急列車を補完していた急行「まつしま」。磐越西線に乗り入れる急行「ばんだい」と併結されることも多かった。

103系の山手線（昭和49年）
懐かしい103系で運行される山手線。全面に塗られたウグイス色が鮮やかだった。103系は山手線では昭和63（1988）年まで運転されている。

南口付近より東側を見る（現在）
山手線内で最も乗車人員の少ない駅ながら、駅周辺にはホテルや飲食店が建ち並ぶ。またビルの合間には神社仏閣も多い。

古地図探訪
大正5年／鶯谷駅付近

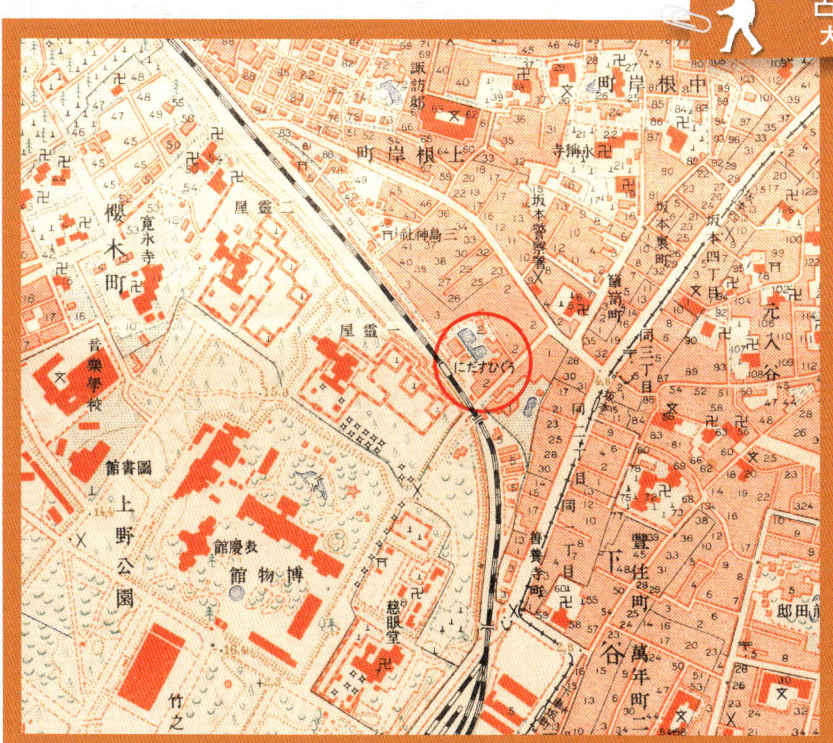

鶯谷駅は明治45（1912）年7月の開業であるから、それからあまり間もない頃のものである。ところで、鶯谷の住所表記は存在せず、駅周辺の地名は桜木町、上根岸町などであったことがわかる。ちなみに、江戸時代以降、寛永寺の門跡が京都からウグイスを取り寄せたことで、この地はウグイスの里（名所）となっていた。

駅の西側には上野公園が広がり、寛永寺の霊屋、東京国立博物館があり、音楽学校、美術学校（現・東京芸術大学）は鶯谷駅が最寄り駅となっていた。現在も東京芸大や同付属音楽高校、上野中学校の学生・生徒がこの駅を利用する風景が見られる。一方、駅の北側には台東区立根岸小学校が見える。ここは明治4（1871）年に開校した長い歴史をもち、付属幼稚園も併設されている。また、その南側には元三島神社が鎮座している。この時期、駅の東側にはまだ、昭和通り（国道4号線）は開通していない。

にっぽり・にしにっぽり

日暮里・西日暮里

成田空港への玄関口・日暮里と
山手線内で最も新しい駅・西日暮里

日暮里

開業年	明治38(1905)年4月1日
所在地	東京都荒川区西日暮里2-19-1
キロ程	5.8km(東京起点)
駅構造	地上駅(橋上駅)
ホーム	3面6線
乗車人員	103,809人　*2014年度

西日暮里

開業年	昭和46(1971)年4月20日
所在地	東京都荒川区西日暮里5-22-1
キロ程	6.3km(東京起点)
駅構造	高架駅
ホーム	2面4線
乗車人員	97,918人　*2014年度

日暮里駅南口(昭和45年)
跨線橋の上に可愛らしい駅舎が乗った南口。改築されたものの、現在も南口は小さな駅舎のままである。

京成スカイライナー(現在)
日暮里駅は成田空港への玄関駅。2代目AE車で運行される「スカイライナー」は最高時速160kmで運転、空港第2ビル駅まで最速36分で結んでいる。

地下より姿を現す東北新幹線(現在)
日暮里駅のちょうど北側から東北新幹線が地上に姿を現す。写真は東北新幹線のエース、E5系。

東口側のバス乗り場(現在)
日暮里駅東口には路線バスの乗り場があり、各方面に向かう都営バスが並んでいる。背後には日暮里舎人ライナーの高架駅も見える。

　「日暮里」という地名は、もともとは「新堀」であったという。しかし江戸時代中期に「一日中暮らしていても飽きない」地であるという意味から、「日暮里」と記されるようになったと伝わっている。駅の誕生は明治38(1905)年のことで、それまで田端駅と結ばれていた日本鉄道の海岸線(後の常磐線)が上野駅に直接乗り入れられるルートに変更された際、その結節点に設けられている。日暮里駅に東北本線の駅がなく常磐線だけ停車するのは、そのような経緯によるものである。
　昭和6(1931)年に京成電気軌道(現・京成電鉄)の接続駅となるが、昭和53(1978)年に新東京国際空港(成田空港)が開業、上野駅よりも乗り換えが便利だったことから、新たに世界への玄関口としての役割を担うことになる。平成22(2010)年には成田スカイアクセス線が開業、日暮里～空港第2ビル駅間が最速36分に短縮されたことで、駅の重要度はさらに増している。
　その日暮里駅からわずか500mしか離れていない西日暮里駅は昭和46(1971)年の開業。山手線内のJR駅では最も新しい駅であり、昭和・平成を通して唯一の新駅である。地下鉄千代田線との乗り換え駅として設けられた駅であり、千代田線が常磐緩行線に乗り入れているため、乗り換え客は多い。

京浜東北線を走る混色の103系（昭和46年）
山手線から転属したウグイス色の103系が京浜東北線を走っている。誤乗防止のためだろうか、前面にステッカーが貼られている。

撮影：荻原二郎

上野を同時発車した「あさま」と「ひたち」（昭和60年）
日暮里は首都圏でも最も多くの線路が行き交う駅であり、特急も次から次へと通過していた。左には開通したばかりの東北新幹線の線路も見える。

開業直後の西日暮里駅（昭和46年）
山手線内では最も新しいJR駅であり、まだ記憶に新しい開設当時の様子。

西日暮里駅（現在）
出入口はホーム高架下にある。駅の構造は開設当時からあまり変わっていない。

撮影：山田虎雄

古地図探訪
大正5年／日暮里駅付近

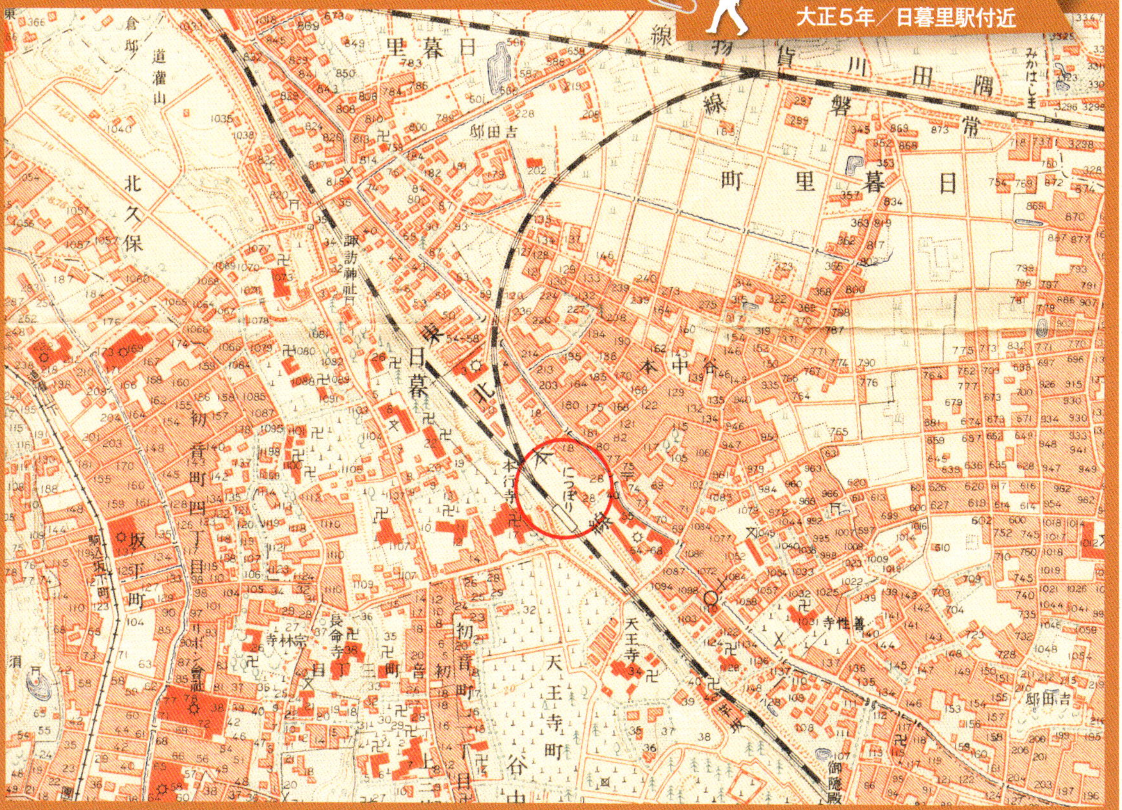

地図上からはうかがうことができないが、上野〜田端間は明治42（1909）年に電化されており、大正元（1912）年に鶯谷〜日暮里間は6線化されている。また、この頃は尾久駅を経由する列車線は開通していなかった。西日暮里駅の開業は昭和46（1971）年であり、当然、地図上には存在しない。京成線もまだ開業していない。東北線のほかには、常磐線と隅田川貨物線（現・常磐線貨物支線）が見える。

日暮里駅の南側には、谷中墓地が広がっており、「卍」の地図記号が多く見られ、天王寺、本行寺、長命寺、宗林寺などが点在している。南西からは、不忍通り上に市電が延びてきて、団子坂下、駒込坂下町、道灌山下の電停が置かれている。駅の北西には、諏訪神社が鎮座している。一方、東北線、常磐線、隅田川貨物線に囲まれたデルタ地帯には、「吉田邸」の文字がある。

たばた・かみなかざと

田端・上中里

日本鉄道時代以来の交通の要衝と
京浜東北線で最も利用者の少ない駅

田端

開業年	明治29(1896)年4月1日
所在地	東京都北区東田端1-17-1
キロ程	7.1km(東京起点)
駅構造	地上駅(橋上駅)
ホーム	2面4線
乗車人員	45,296人　*2014年度

上中里

開業年	昭和8(1933)年7月1日
所在地	東京都北区上中里1-47-31
キロ程	8.8km(東京起点)
駅構造	地上駅(橋上駅)
ホーム	1面2線
乗車人員	7,244人　*2014年度

撮影：手川文夫(北区中央図書館所蔵)

田端駅(昭和27年頃)
木造駅舎時代の田端駅の北口側駅舎。すでに電車線のみの駅となっているが、ターミナル駅の風格を感じさせる駅舎だった。

田端駅(現在)
現在の北口駅舎は平成20(2008)年に改築されたもの。「アトレヴィ田端」が入居するビルとなっている。

提供：北区中央図書館

田端駅南口(昭和戦前期)
南口に通じる坂の上から駅をのぞむ。ホームの向こう側には、田端操車場の広大なヤードが広がっている。

田端駅南口(現在)
背後に広がっていた操車場は姿を消し、代わり新幹線の高架線が見える。小さな駅舎は昔と変わらない。

E233系1000番台(現在)
田端駅に入線する南浦和行き京浜東北線。現在の車両は、最新鋭のE233系1000番台に統一されている。

　山手線と京浜東北線が併走する区間の最北端が田端駅である。開業は日本鉄道時代の明治29(1896)年4月と古く、その年の12月には後の常磐線となる田端～土浦間が開通している。また明治36(1903)年には、後の山手線となる田端～池袋間が開通、さらには機関区や貨物の操車場も設けられるなど、鉄道の一大拠点として発展した。しかし、昭和4(1929)年に尾久経由の新線が開業したことで、長距離列車は田端を経由しなくなり、以後は山手線と京浜東北線のみが発着する現在の姿となる。

　駅の利用者数は、山手線内の駅としては少ない方だが、山手線と京浜東北線との乗り換え客が多いため、ホーム上は常に賑わっている。一方、かつては近代的な操車場として知られた貨物ターミナルは、縮小に次ぐ縮小となった。現在は信号場に名前を変え、貨物駅としての機能はすでに失っている。

　上中里駅は、田端駅で山手線と分かれてから最初の京浜東北線単独駅である。かつては田端操車場に隣接していたが、現在では東北新幹線の高架線が駅のすぐ東側を通過している。また操車場跡地に設けられた新幹線の車両基地である東京新幹線車両センターが近く、入口は改札口のすぐ隣にある。なお駅周辺に繁華街はなく、利用者数は京浜東北線の各駅で最も少ない。

上中里駅（昭和41年）
都心のほど近い駅とは思えない、小さな木造駅舎の上中里駅。駅舎前の銀杏の木は、昭和8（1933）年の開業を記念して植えられたものである。

上中里駅（現在）
駅舎は昔と変わらず西側を向いて建つ。駅のすぐ脇に東側へ通じる跨線橋が設けられている。

上中里駅から見る湘南新宿ライン（現在）
池袋方面への貨物線がちょうど駅の目の前で合流、貨物線を走る湘南新宿ラインの列車が駆け抜けていく。

田端駅ホーム（昭和37年）
ホームから操車場を見る。ヤードを貨物車両が埋め尽くし、入れ換えに動き回る機関車も目の前で見ることができた。

田端機関区（昭和36年）
赤レンガ造のレトロな機関車庫の脇に停車するD51形蒸気機関車。ご存じ"デゴイチ"もまだまだ貨物牽引に活躍していた。

上中里の住宅街（昭和戦前期）
上中里の台地は環境もよく交通至便なことから、都心へ通勤する勤労者層に好まれた。

古地図探訪
大正5年／田端駅付近

関東大震災前の大正5（1916）年、田端駅周辺の地図である。当時は、東京市に編入される前で、大正2（1913）年に町制を敷いた滝野川町が存在していた。昭和7（1932）年には、東京市滝野川区が成立し、戦後に王子区と合併して現在の北区が誕生した。

田端駅は京浜東北線と山手線の分岐点となる駅であり、駅の北側には広い田端機関区（現・田端運転所）があった。その北側には、大正13（1924）年に貝塚操車場（尾久操車場、現・尾久車両センター）が開設され、昭和4（1929）年6月には東北本線の新しい列車線が開通し、その線上に尾久駅が開業している。

田端駅の西側には、真言宗霊雲寺派の寺院、大龍寺と上田端八幡神社が見える。大龍寺は別名、「子規寺」といわれ、俳人、正岡子規の墓があることで知られる。

その東側には、滝野川第一小学校（現・北区立田端小学校）があった。

おうじ

王子

東京有数の文化エリアに変貌した
かつての洋紙製造業のメッカ

開 業 年	明治16(1883)年7月28日
所 在 地	東京都北区王子1-3
キ ロ 程	9.9km(東京起点)
駅 構 造	高架駅(盛土上)
ホ ー ム	1面2線
乗車人員	60,835人　*2014年度

王子駅（昭和50年代前半）
まだ新幹線の高架線も歩道橋もなく、広い駅前に客待ちのタクシーやバスが停車している。
提供：北区中央図書館

王子駅（現在）
改築を続けているものの基本構造は変わらない北口。改札口は北口のほか中央口、南口の3ヶ所にある。

駅前を走る都電（昭和戦前期）
王子といえば都電。王子電気軌道以来の歴史を持ち、かつては多くの系統が王子駅前を通過していた。

王子駅（昭和40年）
高架構造になっているため、北口の改札口はガード下にあった。この構造は今も変わらない。
撮影：荻原二郎

都電荒川線（現在）
現存する唯一の都電の路線である荒川線。王子駅と大塚駅は都電とJR線が交差する駅である。

　駅前を都電荒川線の路面電車が走る王子駅は明治16(1883)年の開業。今でこそ京浜東北線の電車のみが停車する王子駅だが、日本鉄道開業以来の歴史を持つ、東北本線では最も古い駅の一つである。明治6(1873)年に抄紙会社(後の王子製紙)が設立されて以来、王子は洋紙製造の拠点として活況を呈し、明治16(1883)年に開業した日本鉄道にとっても重要な貨物取扱駅だった。王子駅の重要性は国有化後も変わらず、昭和2(1927)年にはかつての王子製紙の専用線を転用した北王子線が開業、平成26(2014)年に廃止されるなど、貨物路線の要であり続けていたのである。

　また、駅西側の飛鳥山は、江戸時代の八代将軍・吉宗の時代に桜の植樹が行われて以来、桜の名所として江戸・東京の庶民に愛されてきた。明治期には王子製紙の創業に携わった実業家・渋沢栄一が邸宅を構えたが、明治17(1884)年には渋沢は日本鉄道の理事にも名を連ね、その後の経営に手腕を振るうことになる。現在の飛鳥山には渋沢栄一の旧邸「旧渋沢家飛鳥山邸」(国指定重要文化財)のほか、「紙の博物館」「渋沢史料館」など博物館が建ち並ぶ文化エリア。王子駅前から「飛鳥山モノレール」で行くことができ、週末には家族連れの行楽客の姿も多く見かける。

北王子線の廃線跡（現在）

北王子線は田端信号場と北王子駅（貨物駅）を結んでいたJR貨物の鉄道路線（貨物線）の通称。開業は昭和2年、十條製紙（現・日本製紙）の原料や製品輸送のための専用線であったが、同社が北王子駅専用線の貨物取り扱いを終了する意向を示したため、平成26年7月に廃止となった。

王子駅前電停（昭和45年）

撮影：荻原二郎

国鉄王子駅に沿って設けられていた都電。現存する荒川線は、王子駅前電停を過ぎてからガード下をくぐり、早稲田方面に向かう。

撮影：荻原二郎

特急「白山」（昭和62年）

上野発の特急の大半が姿を消したあとも、上野～金沢間を結ぶロングラン特急として活躍した「白山」。

王子駅ホーム（現在）

ホームを南側から見る。東側を東北新幹線、すぐ西側を宇都宮線・高崎線、さらに西側を貨物線が通っている

大宮駅ホーム（現在）

明治・大正期には長距離列車も停車していた王子駅だが、現在は大宮行きが最長区間だ。

古地図探訪
大正5年／上中里・王子駅付近

昭和8（1933）年開業の上中里駅はまだ存在しておらず、東北本線上には王子駅だけが見える。現在の都電荒川線の前身である王子電気軌道は、大塚方面と町屋方面の路線がまだ、王子駅前で結ばれていなかった。

大塚方面からの路線は大正4（1915）年に王子（駅前）まで延伸。一方、町屋方面からの路線は大正2（1913）年に飛鳥山下（現・栄町）に至るものの、王子までの延伸は関東大震災後の大正14（1925）年までかかっている。

王子駅の南側には、桜の名所として有名な飛鳥山公園が広がり、広大な渋澤（栄一）邸が存在していた。現在は、飛鳥山博物館、紙の博物館、渋沢史料館などが誕生している。渋澤邸の横に見える鳥居の地図記号は、七社神社である。その西側には、国立醸造試験所が存在していたが、現在は独立行政法人酒類総合研究所となり、広島県東広島市に移転。王子には日本醸造協会が残っている。また、駅の東北には、印刷局抄紙部、王子製糸会社があった。

王子町停留場（大正期）

東京府北豊島郡王子町を中心に、軌道事業を発展させた王子電気軌道の停留場。

ひがしじゅうじょう

東十条

京浜東北線の延伸とともに開業した
車両基地を併設する十条地区の玄関駅

開業年	昭和6(1931)年8月1日
所在地	東京都北区東十条3-18-51
キロ程	11.4km(東京起点)
駅構造	地上駅
ホーム	2面3線
乗車人員	22,155人 *2014年度

東十条駅北口と東十条商店街(昭和40年)
北口の跨線橋を東側に降りると、目の前が東十条商店街だった。出口と商店街の位置関係は現在も同じ。

下十条運転区(現在)
京浜東北・根岸線で活躍するE233系1000番台が並ぶ。ただし現在では配置車両がないため、昼間は閑散としていること多い。

東十条駅南口(昭和40年)
簡素な北口の駅舎に比べると、南口は平屋ながら駅舎らしく、駅前では売店も営業していた。

東十条駅南口(現在)
駅舎は改築されているものの平屋構造は変わらない。駅舎のすぐ脇を東北新幹線の高架線が通っている。

下十条駅時代の東十条駅(昭和26年)
昭和32(1957)年に地名変更により駅名が変わるまで、東十条駅は下十条駅を名乗っていた。

　北区のほぼ中央、十条駅と並ぶ十条地域の玄関駅である東十条駅。東北本線の電車線である京浜線(現・京浜東北線)が赤羽駅まで延伸された際に開業した駅であり、開業時の駅名は「下十条」であった。翌年には駅に隣接して下十条電車区(現・下十条運転区)が置かれ、京浜東北線の車両基地として機能することになる。その後、地名の変更により昭和32(1957)年に現駅名に改称されたが、車両基地の方は今も変わらず「下十条」を名乗っている。なお平成26(2014)年に廃止された貨物線・北王子線の北王子駅跡は、当駅から東に500mほどしか離れていない。

　駅は中央に1線を持つ2面3線構造で、車両基地を併設しているため始発・終着列車も設定されている。また、埼京線の十条駅とも600mほどの距離にあり、南口から歩いて徒歩10分程度で行くことができる。

東十条駅北口(昭和40年)
跨線橋で線路をまたぐ構造自体は当時も今も変わらないが、改築を重ね風景は大きく変わっている。

下十条運転区全景(現在)
留置線のほか検修車庫も持つ。東北新幹線の高架線を隔てて右側に東十条駅がある。

下十条電車区(昭和40年)
東十条駅に隣接して設けられた下十条電車区(現・下十条運転区)。72系や101系など懐かしい国電車両がずらりと並んでいる。

下十条の市街地(昭和戦前期)
王子製紙の十条工場や陸軍関連機関の進出によって、下十条の商店街は賑わいをみせるようになった。

古地図探訪
大正5年／東十条駅付近

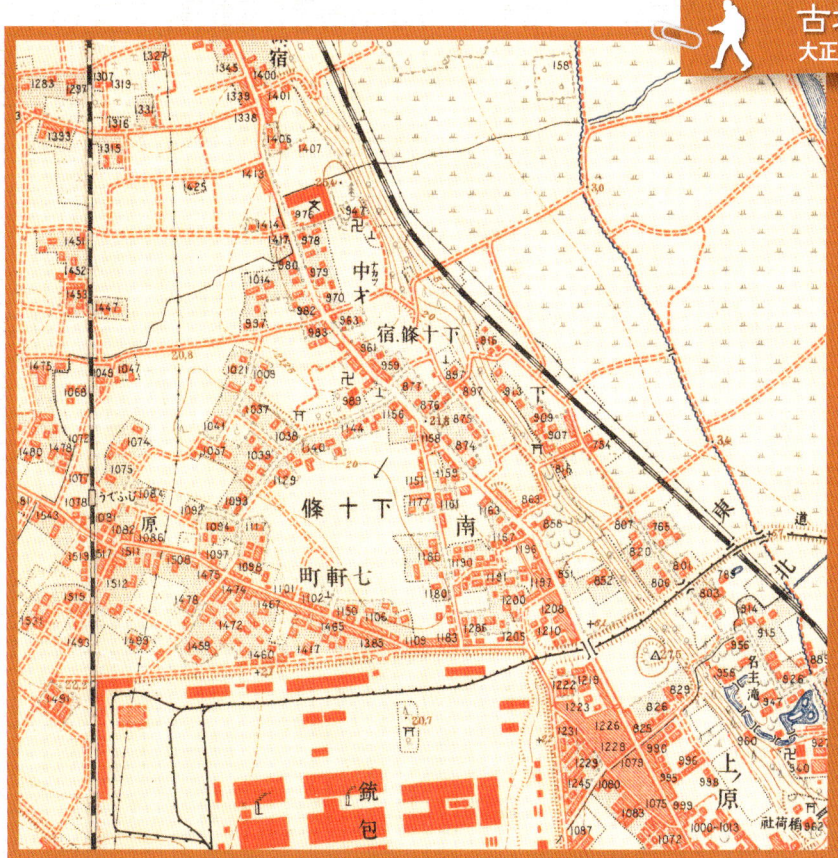

大正5(1916)年の東北線、東十条駅付近の地図である。当然ながら、昭和6(1931)年開業の東十条(当時・下十条)駅は線上には記されていない。一方、赤羽(現・埼京)線上には、明治38(1905)年開業の十条駅が存在している。東北本線、赤羽線の間には、本郷通りから続く岩槻街道が北に伸びている。

この当時、東十条(下十条)付近には、東京砲兵工廠銃包製造所の広大な用地が存在していた。その跡地は、陸上自衛隊十条駐屯地、東京成徳短大などに変わり、南側の北区中央公園内には、かつての東京陸軍第一砲兵廠の本部が中央公園文化センターとなって残されている。

また、東北本線の南には地図上で青く塗られた「名主滝」が見える。ここは江戸時代、王子村の名主だった畑野孫六が屋敷内に開いた滝があり、明治以降も避暑地、秋の紅葉の名所として人気があった。現在は、北区立名主の滝公園として公開されている。

おく

尾久

ホームから車両基地が一望できる
鉄道ファンあこがれの駅

開業年	昭和4(1929)年6月20日
所在地	東京都北区昭和町1-2-16
キロ程	8.4km(東京起点)
駅構造	地上駅
ホーム	1面2線
乗車人員	8,124人 *2014年度

尾久駅(昭和37年頃)
広大な車両基地を併設しながら、駅舎自体は簡素だった尾久駅。改札口もひとつだけだった。

撮影:手川文夫(北区中央図書館所蔵)

尾久駅(現在)
駅舎は建て替えられているが、広々とした駅前も昔と変わらず駅前の雰囲気はあまり変わっていない。

撮影:小川峯生

急行「みやぎの」(昭和39年)
451系で運行されていた上野〜仙台間の急行「みやぎの」。その歴史は短く、昭和40(1965)年には「まつしま」に統合されている。

撮影:小川峯生

修学旅行列車「おもいで」(昭和34年)
かつては数多く運転されていた修学旅行列車。キハ58系800番台「おもいで」は、上野と東北各地を結ぶ列車として、昭和37(1962)年に登場した。

　尾久駅は平成27(2015)年の上野東京ラインの開業により、もっとも大きく変貌した駅かもしれない。駅の様子こそ以前と何も変わらないが、これまで全て「上野行き」だった上り列車が、東京や品川、横浜方面に直通するようになり、沼津や伊東行きの列車も設定された。首都圏中心部で唯一、中距離列車しか発着しなかった尾久駅のイメージも、今後は大きく変わっていくにちがいない。

　尾久駅の開業は昭和4(1929)年のことで、現在の宇都宮・高崎線にあたる東北本線の中距離列車を新線に切り替えた際に設けられている。この列車線の新線切り替えは、すでにパンク状態だった上野駅構内の客車の車庫を尾久に移転するという目的があり、尾久駅の西側には広大な車両基地が設けられることになった。上野発の夜行列車が華やかなりし頃、尾久客車区にはブルートレインの客車がずらりと並び、上野駅まで推進運転(編成の最後尾に機関車を連結し、客車を押して進むこと)にて回送されていたのである。

　時は変わり、尾久車両センターと名前を変えた車両基地に客車の姿はほとんど見当たらなくなった。代わって宇都宮線・高崎線・東海道線を走るE231系・E233系が留置されている。今後は上野東京ラインを走る電車の基地として活用されることになるのだろう。

尾久機関区（昭和30年）
尾久機関区で出番を待つC57形蒸気機関車。宇都宮線・高崎線だけでなく、非電化時代の常磐線でも尾久所属の機関車が活躍した。

撮影：竹中泰彦

入線する高崎線列車（現在）
下りホームに入線する高崎線の普通列車。上り列車は以前は全て上野行きだったが、上野東京ラインの開通によりほとんどの列車が東海道本線に直通するようになった。

尾久車両センター周辺（現在）
王子の「北とぴあ」からみた尾久車両センターの全景と背後。尾久駅は写真の左端になる。

古地図探訪
昭和12年／尾久駅付近

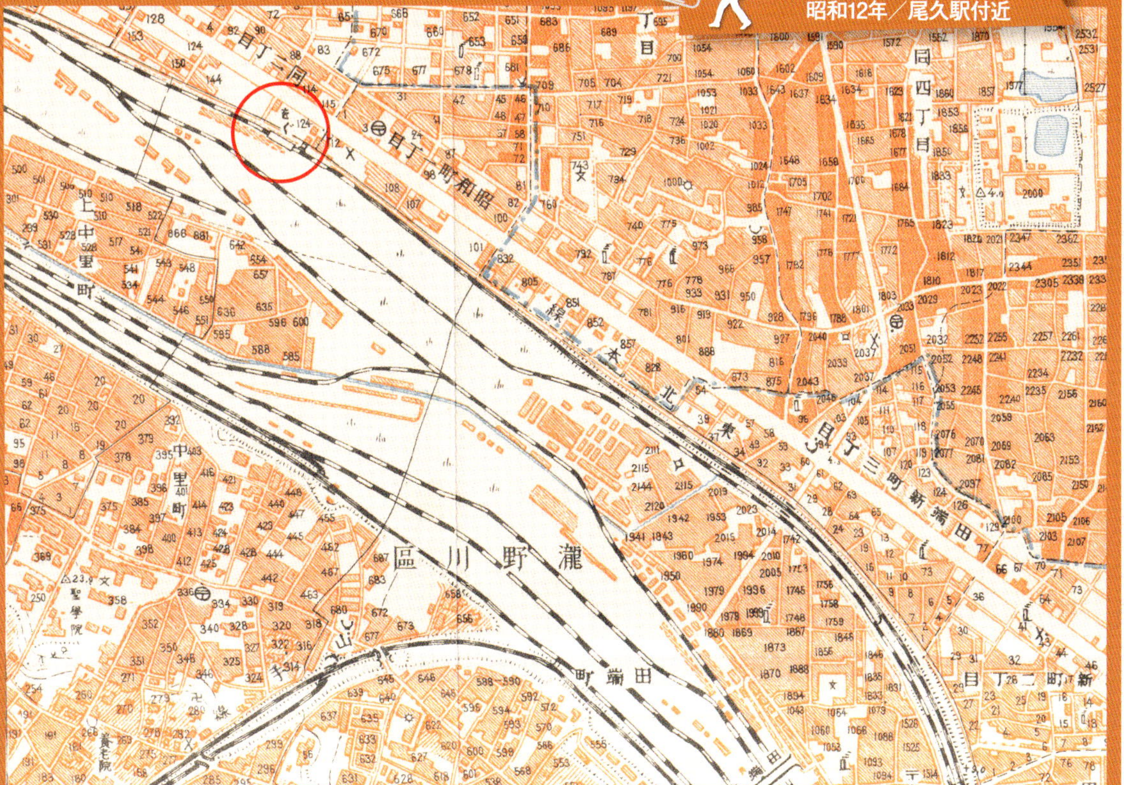

　この地図の大きな部分を東北本線の列車線、京浜東北線、山手線の線路及び付属地が占めている。尾久駅の開業は昭和4（1929）年、京浜東北線の上中里駅の開業は昭和8（1933）年7月であり、両者の距離は近い。現在はその間にJR東日本尾久車両センターの敷地が広がる。
　尾久駅の北側には明治通りが通っており、この道路に沿って昭和町の地名が見える。尾久駅の所在地であるこの地名（昭和町）は昭和5（1930）年、滝野川町内の地名変更により、中里・上中里から変わったもので、東京市滝野川区を経て、東京都北区になった現在も残されている。
　一方、尾久駅の北西側はまもなく、荒川区内となり、尾久町1〜10丁目の区域が広がっていた。昭和7（1932）年に東京市に編入される前は北豊島郡尾久町で、その前は尾久村であり、駅名はここから採用された形である。現在は西尾久と東尾久に分割され、再編により西日暮里と町屋の一部にもなっている。なお、町名の読みは「おぐ」だが、駅名は「おく」と濁らない。

あかばね

赤羽

複数の幹線系統が交差する首都圏北部最大のターミナル

開業年	明治18(1885)年3月1日
所在地	東京都北区赤羽1-1-1
キロ程	13.2km(東京起点)
駅構造	高架駅
ホーム	4面8線
乗車人員	89,489人 *2014年度

赤羽駅(昭和戦前期)
昭和10年頃に撮影された赤羽駅。戦災により焼失した。

赤羽駅東口(昭和40年代後半)
東口の駅舎は戦災で焼失したあと、昭和28(1953)年に再建され、昭和42(1967)年は国鉄風の駅ビルに再度建て替えられた。

赤羽駅西口(昭和40年代後半)
東口に比べると小さい駅舎であったが、立地条件が良く改札口は常に混雑していた。現在は再開発により一新されている

赤羽駅ホーム(昭和53年)
東北線ホームから京浜東北線のホームを見上げる。現在は高架化が完了し、全てのホームが同じ高さで揃うようになった

赤羽駅構内(昭和53年)
東北線ホームから赤羽線ホームを見る。まだ埼京線は開業しておらず、両者の間にはホームのない貨物線が敷設されている。

　尾久経由の宇都宮線・高崎線と、田端経由の京浜東北線が再び合流する赤羽駅。湘南新宿ラインが分岐する駅でもあり、埼京線も接続するほか特急も停車する。やや地味な存在ながら、首都圏では池袋や新宿、品川などと並ぶ重要なターミナル駅である。

　もともと小さな集落であった赤羽に駅ができたのは明治18(1885)年、日本鉄道の2本目の路線として赤羽〜品川間が開通している。日本鉄道と官設鉄道の接続が目的で建設されたのだが、この線こそ後の山手線そのものである。しかし、明治36(1903)年には田端〜池袋間が開通、赤羽〜池袋間は次第に支線的存在へと追いやられていった。赤羽駅の地味なイメージは、赤羽〜池袋間が山手線から切り離されて赤羽線となり、カナリア色の101系・103系が走っていた当時の印象が色濃く残っているからかもしれない。

　だが、昭和60(1985)年に開通した埼京線に赤羽線も組み込まれたことで、再び交通の要衝としての地位を取り戻している。平成13(2001)年の湘南新宿ラインの開業や、埼京線と東京臨海高速鉄道りんかい線との相互乗り入れなどにより、赤羽駅がカバーするエリアは格段に広がった。路線間の乗り換え客も非常に多く、一日を通して駅は活気に溢れている。

荒川を渡る貨物列車（昭和26年）
赤羽～川口間、D52形蒸気機関車が牽引する貨物列車が荒川を渡る。

赤羽駅構内（昭和29年）
赤羽駅構内に進入する貨物列車。D51形蒸気機関車が牽引し、直後に車掌車が3両連結されている。

撮影：江本廣一

撮影：伊藤昭

赤羽駅（現在）
現在の東口の様子。駅前は再開発されて広場が新しくなり、駅構内には「エキュート赤羽」がオープンするなど、雰囲気は大きく変わった。

赤羽駅構内（昭和55年）
東北新幹線建設の影響で単線化された貨物線。現在は複線に戻りホームも設けられた。奥には赤羽線の103系の姿も見える。

撮影：高橋義雄

古地図探訪
昭和32年／赤羽駅付近

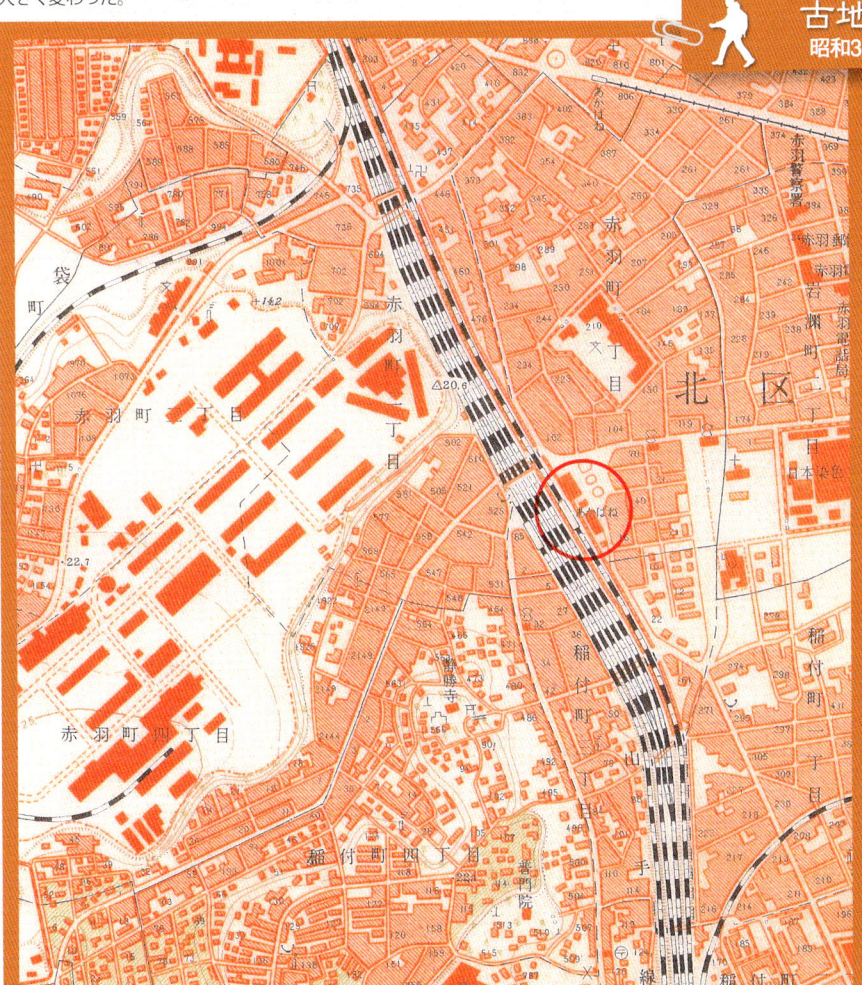

東北線、赤羽線が6線となっている昭和32（1957）年、赤羽駅周辺の地図である。赤羽駅の北側から南西に伸びるのは軍用貨物線で、戦前から陸軍板橋兵器支廠に向って延びていた。現在の埼京線、東北・上越新幹線はまだ開通していない。

一方、環状八号線と北本通り（国道122号）の赤羽交差点からは、軌道線が南東に向かって伸びている。これは、王子電軌時代に開業した都電で、昭和47（1972）年に王子〜赤羽間は廃止されている。

地図中央部分から西側にかけて、大きく広がっているのは米軍施設、東京兵器補給廠（TOD）である。この施設は昭和46（1971）年に返還され、現在は赤羽自然観察公園、赤羽スポーツの森公園、赤羽台団地、北区立赤羽台中学校などに変わっている。赤羽駅の北東にある「文」の地図記号は、北区立赤羽小学校である。

田端・尾久・赤羽 機関車の記憶

田端操車場（昭和29年）

在りし日の田端操車場（現・田端信号場）。日本鉄道時代以来の伝統を持つ、東京有数の貨物基地であった。現在は敷地の大半が新幹線の車両基地（東京新幹線車両センター）となっている。

撮影：竹中泰彦

田端機関区（昭和29年）

明治19（1886）年に開設、日本鉄道の機関車の根城であった田端機関区。現在は田端運転所となり、JR東日本の電気機関車が所属している。

撮影：竹中泰彦

尾久機関区（昭和29年）

尾久駅ではホームから機関区、客車区の留置線が一望できた。ここから上野駅へ、客車列車は他に例を見ない推進回送によって送り込まれて、その伝統は現在も続いている。

撮影：竹中泰彦

赤羽工廠跡（昭和29年）
かつて軍の施設が集中していた赤羽。工廠への専用線を小型タンク式機関車が走っている。

撮影：竹中泰彦

赤羽駅付近（昭和30年）
盛り土上の京浜東北線の線路の下を客車列車が走る。当時はEF56形やEF57形など、デッキ付きの無骨な電気機関車が数多く走っていた。

撮影：竹中泰彦

撮影：竹中泰彦

赤羽駅付近をゆく（昭和30年）
赤羽駅に進入する客車列車。牽引するC51形蒸気機関車は、D51形のボイラーを流用して戦後に製造され、優等列車の牽引を中心に活躍していた。

撮影：竹中泰彦

赤羽駅（昭和30年）
東北本線ホームに進入する、C57形牽引の客車列車。右側には盛り土上の京浜東北線ホームの電車が見えている

かわぐち

川口

かつての"キューポラのある町"は
人口57万を誇るベッドタウン

開業年	明治43(1910)年9月10日
所在地	埼玉県川口市栄町3-1-21
キロ程	15.8km(東京起点)
駅構造	地上駅(橋上駅)
ホーム	1面2線
乗車人員	80,663人 *2014年度

ユニオンビールの工場(昭和戦前期)
日本麦酒鑛泉が製造する「ユニオンビール」の工場。昭和8(1933)年に大日本麦酒(アサヒビールとサッポロビールの前身)と合併した。

撮影：荻原二郎

川口駅東口(昭和40年)
橋上駅化される前の川口駅。増え続ける乗客に対し駅は手狭で、駅前は客待ちするタクシーであふれていた。

川口駅東口(現在)
大都市の様相をみせる川口駅前。現在、人口50万人を越える都市の玄関駅である。

鋳物製品の出荷(昭和戦前期)
川口周辺で製造された鋳物製品は、川口駅から全国各地へと出荷された。

　赤羽駅を出発して荒川を渡り、埼玉県に入って最初の駅が川口駅である。かつて江戸から日光へ向かう街道筋の宿場町として栄え、明治期以降は鋳物産業の町として発展した。"キューポラ"と呼ばれる、工場の屋根から煙突部が露出した溶解炉は、映画『キューポラのある街』で全国的に知られている。
　川口駅が開設されたのは明治43(1910)年のことであり、開設時の駅名は「川口町」だった。現在の駅名となったのは市制が施行された昭和9(1934)年のことで、京浜東北線しか停まらない駅ながら貨物の取扱いもあり、大日本麦酒(現・サッポロビール)埼玉工場への専用線も分岐していた。高度成長期には鋳物産業も最盛期を迎えるが、その後はベッドタウンとして発展、人口が急増して駅の様相も大きく変わることになる。
　開業以来、長らく小さな駅舎だった川口駅も、昭和43(1968)年に現在の橋上駅となり、貨物取扱いを終えたあとは貨物駅跡地が再開発された。かつて京浜東北線の車窓からも眺められたキューポラはほとんど姿を消し、今では工業都市だった往時の面影は駅前の風景からはうかがえない。現在は再開発された東口にショッピングセンター「キュポ・ラ」が建ち、広場にはキューポラの模型が展示されている。

川口駅西口（昭和40年）
地上駅時代の川口駅西口。表玄関の東口に比べ、やや小さめの駅舎が建っていた。

川口駅西口（現在）
橋上駅となり、出入口は跨線橋の上にある。宅地開発が進んだことで、今では東口に劣らぬ人通りがある。

キューポラの林立する川口付近（昭和30年代）
川口は全国有数の鋳物産業の町であり、駅の誘致にも鋳物業界の力が大きかった。

古地図探訪
昭和32年／川口駅付近

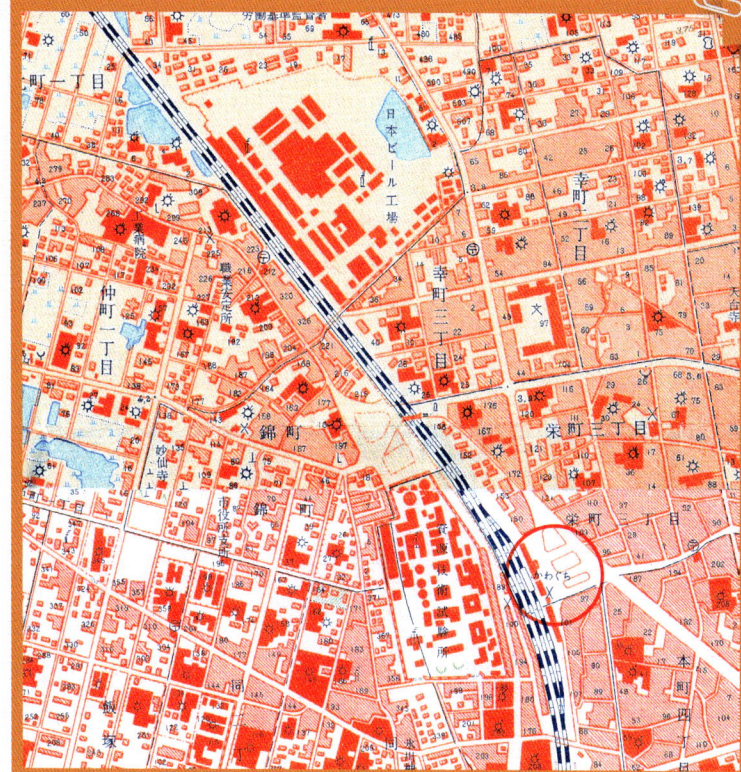

「キューポラのある街」にふさわしく、地図上には工場を示す地図記号がいたるところに見ることができる。その中でも駅北西に大きな面積を占めているのが、日本ビール工場である。ここは大正12（1923）年、日本麦酒（現・サッポロビール）東京工場としてスタートし、昭和62（1987）年からはサッポロビール埼玉工場となっていたが、平成15（2003）年に閉鎖された。現在は、アリオ川口、川口市立アートギャラリーなどに変わっている。

駅の西口前には、資源技術試験所が存在していた。ここは大正8（1919）年、商工省（現・経済産業省）の燃料研究所に始まり、戦後に名称を変更、昭和55（1980）年に茨城県つくば市に移転している。跡地には、川口総合文化センター（リリア）が誕生している。その北には、川口西公園がある。

また、南側（飯塚1丁目）には「氷川神社」の文字が見える。ここは、かつての飯塚村の鎮守社で、現在は地名を冠して飯塚氷川神社と呼ばれている。

にしかわぐち・わらび

西川口・蕨

高度成長期に急発展した西川口駅
人口密度日本一・蕨市の玄関駅

西川口
開業年	昭和29(1954)年9月1日
所在地	埼玉県川口市並木2-20-1
キロ程	17.8km(東京起点)
駅構造	地上駅(橋上駅)
ホーム	1面2線
乗車人員	53,326人　*2014年度

蕨
開業年	明治26(1893)年7月1日
所在地	埼玉県蕨市中央1-23-1
キロ程	19.7km(東京起点)
駅構造	地上駅(橋上駅)
ホーム	1面2線
乗車人員	58,308人　*2014年度

西川口駅（昭和40年）
開業から10年ほど経った東口の様子。駅舎は東口寄りだけにあり、跨線橋や階段部に屋根はない。
撮影：荻原二郎

西川口駅西口（現在）
基本構造は開業時と変わらないが、跨線橋や階段が屋根で覆われた。

西川口駅東口（現在）
平成19(2007)年に駅ビル「beansにしかわぐち」が建ち、開業当時の面影はなくなっている。

蕨駅西口（昭和41年）
改築される前の西口旧駅舎。当時は貨物の取扱いも行なわれ、駅舎には小荷物取扱所も設けられていた。
撮影：荻原二郎

蕨駅西口（現在）
駅舎は昭和42(1967)年に改築された。蕨市への玄関口であるため、西口側の方が歴史が古い。

蕨駅東口（現在）
東口が開設されたのは開業から半世紀以上を経た昭和24(1949)年。出口のすぐ目の前が川口市となる。

　西川口駅は昭和29(1954)年に開設された、京浜東北線では比較的歴史の新しい駅になる。しかし地元では昭和11(1936)年以来、数十回に及ぶ陳情を繰り返し、昭和26(1951)年にようやく駅開設が決定した悲願の駅であった。開業当時は一面の田園風景が広がっていたが、駅開設と同時に区画整理が行われ、急速に発展する。開業からわずか10年ほどで、駅前には店舗や不動産業者、タクシー会社などが並ぶ町並みへと変貌した。現在では東西出口の双方に繁華街が形成され、飲食店も非常に多い。

　その西川口駅を発車してすぐ、川口市から蕨市へと入る。蕨市は全国で最も面積が狭い市でありながら人口は7万人を数え、人口密度も日本一(東京23区をのぞく)の自治体である。「蕨」という独特の地名の由来は、植物の「蕨」あるいは藁を燃やした火の「藁火」など諸説あるが、詳しいことは分からない。中山道の宿場町としての発展した町の玄関口として、明治26(1893)年に駅が開設され、かつては貨物も取り扱っていた。駅のすぐ北側で、ふたたび市境を越えて川口市に入るため、川口市民にとっても馴染みの深い駅となっている。

特急「やまばと」(昭和43年)
同じ奥羽本線に直通する特急「つばさ」の陰に隠れ、地味な存在だった上野〜山形間を結ぶ特急「やまばと」。

EF58が牽引する客車列車(昭和30年)
浦和〜蕨間を走る客車列車。EF58形電気機関車は、昭和30〜50年代にかけ宇都宮・高崎線ではおなじみの牽引機関車だった。

103系時代の京浜東北線(昭和48年)
当時はまだ冷房化の途上であり、先頭車以外が非冷房車であることが屋根の形状から分かる。

蕨駅を通過する宇都宮線電車(現在)
古い歴史を持つ蕨駅だが、川口駅などと同様、京浜東北線と分離運転後、中距離電車は通過するようになった。

古地図探訪
昭和32年／蕨駅付近

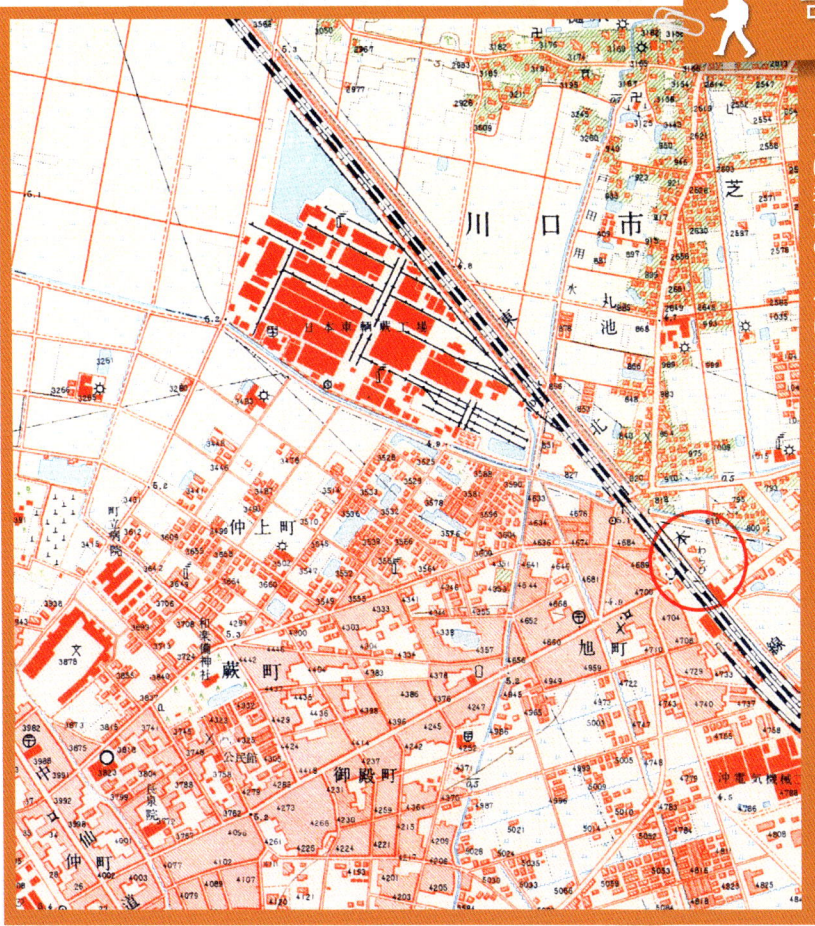

　昭和32(1957)年の蕨駅西側の地図である。この当時は、明治22(1889)年に蕨宿と塚越村が合併して誕生して以来の蕨町で、昭和34(1959)年に市制を施行して蕨市になった。その「蕨町」の文字が見える付近には、和楽備(わらび)神社が存在する。創建は室町時代にさかのぼるといわれ、江戸時代には「蕨八幡」と呼ばれていた。明治44(1911)年、町内の18の神社を合祀して、和楽備神社となっている。現在はその南側が蕨城址公園として整備され、公民館は蕨市民会館となっている。また、西側には蕨市役所(この当時は町役場)が存在する。

　鉄道ファンには忘れることのできない存在が、蕨駅北西に引き込み線が延びる日本車輌製造の蕨工場である。ここは「0系新幹線」の製造を担当した工場のひとつで、この蕨工場は昭和9(1934)年から存在したが、昭和47(1972)年に閉鎖され、現在はUR都市機構川口芝園団地などに変わっている。

みなみうらわ

南浦和

武蔵野線と直角に立体交差するさいたま市南部のジャンクション

開業年	昭和36(1961)年7月1日
所在地	埼玉県さいたま市南区南浦和2-37-2
キロ程	22.5km(東京起点)
駅構造	地上駅(武蔵野線は高架)
ホーム	4面6線
乗車人員	58,408人 *2014年度

開業直前の武蔵野線（昭和48年） 撮影：高橋義雄
開業を約一ヶ月後に控え、すでに完成している武蔵野線の高架線をバス停より見る。

南浦和駅（昭和30年代中頃） 提供：さいたま市
開業間もない南浦和駅。駅前広場はまだ舗装されておらず、女学生たちが敷かれた板の上を歩いている。

南浦和駅西口（現在）
駅の開業から少し遅れて開設された。区画整理により東口より広いロータリーを持っている。

南浦和駅東口（現在）
開業と同時に開設された出入口。東口周辺は駅開設に先立ち、4カ年計画で区画整理が進められた。

　昭和36(1961)年に開業した南浦和駅は、大正11(1922)年に地元有志が鉄道大臣に陳情を行って以来、浦和市による実に50回以上もの陳情の末に開設された請願駅である。40年に及ぶ運動の間には、同じ蕨〜浦和間に「北川口駅」開設を望む川口市との間で軋轢もあったという。開業の翌年には、駅南側に浦和電車区（現・さいたま車両センター）が開設され、南浦和駅は京浜東北線の一部列車の折り返し駅ともなった。ただし南浦和駅で終着列車から大宮行きに乗り換える場合、ホームが異なってしまうことがあり、乗り換え客は主に一つ手前の蕨駅を利用することが多い。

　そして昭和48(1973)年、首都圏をぐるっと半周する武蔵野線が開業、南浦和駅の真上で京浜東北線と交差する。南浦和駅は新たに武蔵野線との乗換駅となったが、元々は貨物線として計画された武蔵野線の輸送力は決して高くなく、運転本数も開業当時1時間に1〜2本程度と少なかった。現在は日中10分おきの運転であり、京浜東北線の運転本数に比べると半分以下の本数しかないものの利用客は多い。そのため武蔵野線ホームは列車を待つ乗客でつねに混雑し、列車を待つ乗客をよそ目に貨物列車が通過することも珍しくない。

南浦和駅東口の駅前（現在）
西口より狭いとはいえ、区画整理されただけあって十分な広さのロータリーを持つ。また浦和競馬場の最寄り駅でもある。

発車を待つ快速電車（現在）
2番線で発車を待つ快速磯子行き。車両基地に通じている2・3番線を発車する列車は当駅始発である。

南浦和駅周辺（昭和48年）
武蔵野線が開通したことで、沿線の開発に拍車がかかった。一帯に残る水田も少しずつ住宅街へと変貌していくことになる。

武蔵野線ホーム（現在）
5番線に府中本町行き205系電車が到着する。武蔵野線ホームも常に混雑している。

古地図探訪
昭和30年／南浦和駅付近

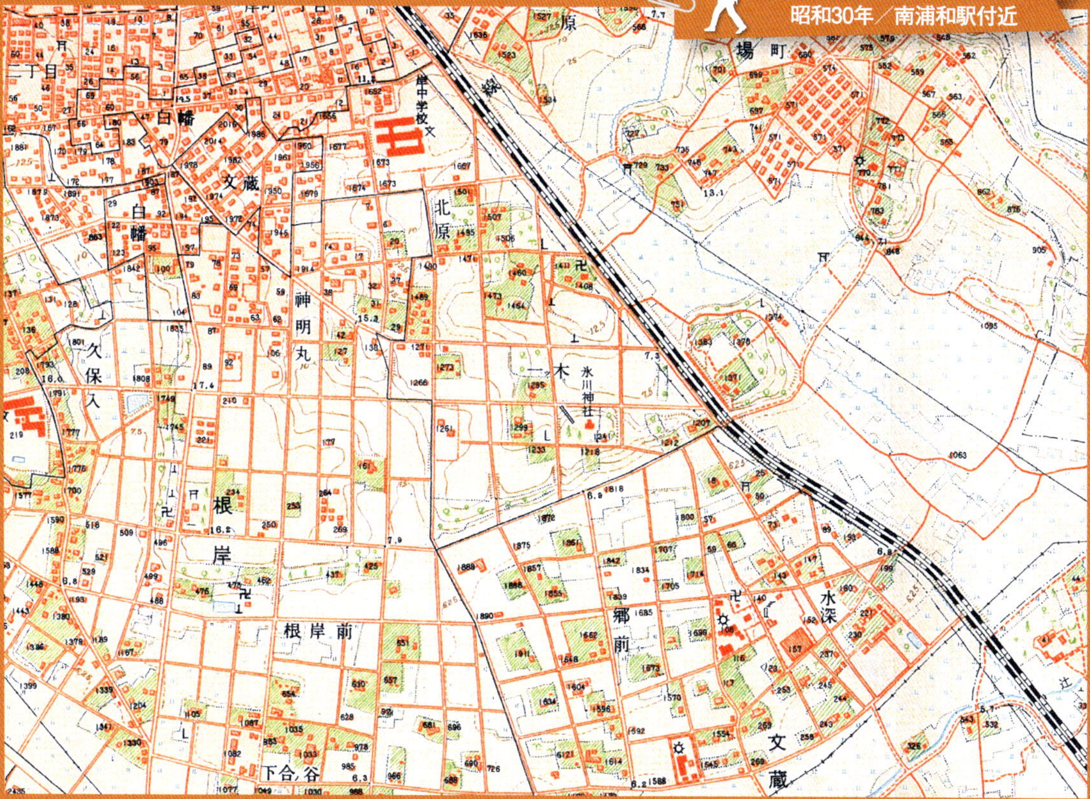

　南浦和駅の開業は昭和36（1961）年であるから、この時点（昭和32年）では駅自体は存在せず、南西にある（大谷場）氷川神社と北西にある「卍」記号の宝性寺がその目印となる。この中間付近の東北本線上に、現在は南浦和駅が開業しており、武蔵野線が北東から南西に通る。
　地図上には、広い道路はほとんどないが、西側の「久保入」付近を北に進むのは、旧中山道である。この道路は現在、埼玉県道213号となり、南側は田島通りと呼ばれている。この後、その南西に国道17号（中山道）が開通している。
　この2本の道路に挟まれる形で、「久保入」付近に存在するのがさいたま市立南浦和小学校である。明治7（1874）年、辻学校として開校し、六辻小学校をへて現在の校名となった、140年以上の歴史を誇る小学校である。一方、南浦和駅の北、東北線の線路沿いにあるのは、さいたま市立岸中学校で、昭和22（1947）年の開校し、昭和25（1950）年にこの場所に移転している。

うらわ

浦和

急行が通過する県庁所在地駅だったが今や特急も停車する近代的な高架駅

開業年	明治16(1883)年7月28日
所在地	埼玉県さいたま市浦和区高砂1-16-12
キロ程	24.2km(東京起点)
駅構造	高架駅
ホーム	3面6線
乗車人員	84,725人 *2014年度

昭和初期の浦和町
県庁所在都市としての賑わいは後年のことで、当時は静かな街並みであった。

浦和駅西口(昭和46年)
昭和42(1967)年に竣工した近代的な駅舎。この翌年に赤羽～与野間の3複線化が完了し、朝夕のみ中距離列車が停車するようになった。

撮影:荻原二郎

浦和駅西口(現在)
高架化により大きく改築された西口。東西自由通路が完成し、県庁所在地駅らしい風格を持ちつつある。

浦和駅東口(現在)
東口側も駅前ロータリーと合わせて一新され、高架ホームの外壁はガラス張りになった。平成27(2015)年8月現在、まだ一部で工事中である。

　サッカーJリーグの「浦和レッズ」などで全国に知られる浦和。埼玉県の県庁所在地としてのイメージが強いが、平成13(2001)年に大宮市などと合併して「さいたま市」が誕生、浦和駅の所在地は浦和市ではなく、さいたま市浦和区となった。しかし、市役所は浦和市役所の庁舎が引き継がれたため、浦和駅は依然として市役所かつ県庁所在地駅である。

　また日本鉄道開業以来の歴史を持ち、現在の宇都宮線・高崎線では最も古い駅のひとつである。ところが後発の大宮駅が高崎線と宇都宮線の分岐駅となったことから、埼玉県の代表駅の座を大宮に奪われることとなった。そして昭和7(1932)年に京浜線(現在の京浜東北線)が大宮まで延伸されて以降、中長距離列車が停車しなくなるなど、県庁所在地駅として屈辱的な立場に置かれていたのである。地元の懸命な運動により、昭和43(1968)年に宇都宮線・高崎線にホームが新設され、朝夕のみ中距離列車も停車するようになった。昭和57(1987)年には終日停車するようになり、平成25(2013)年には高架化によって貨物線にもホームが完成、貨物線を走る湘南新宿ラインの列車も停車するようになった。手狭だった駅舎も高架化により生まれ変わり、ようやく県庁所在地駅としての風格を持ちはじめている。

特急「ひばり」(昭和38年)
浦和駅を通過する特急「ひばり」。昭和7(1932)年に京浜東北線が分離運転以降も、長年にわたり浦和は「優等列車が通過する県庁所在地駅」だった。

埼玉県庁(昭和戦前期)
明治23(1890)年、勅令により「浦和町」が埼玉県の県庁所在地となった。

東口駅前(現在)
バスターミナルを囲むように商業施設が建ち並ぶ。核となるのがロータリーを挟んで駅と向かい合う「浦和パルコ」。

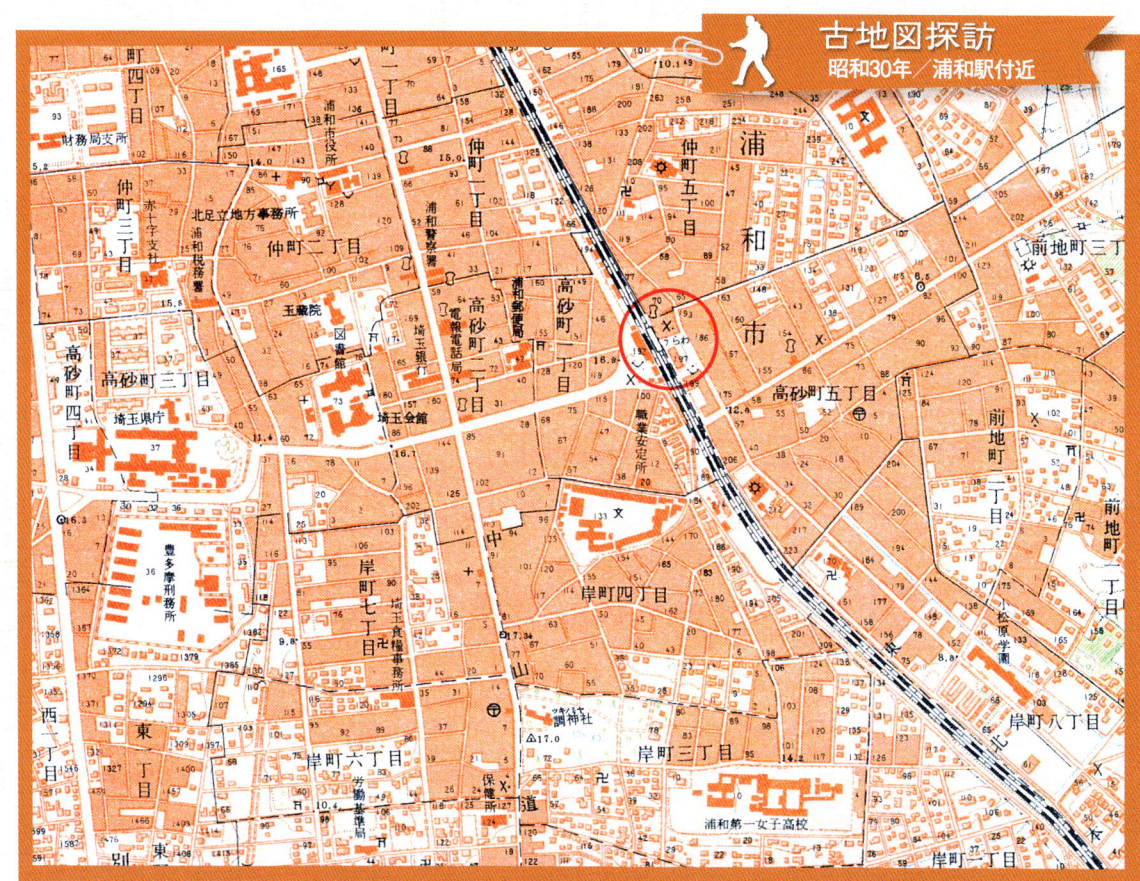

古地図探訪
昭和30年／浦和駅付近

　昭和30(1955)年当時の浦和駅周辺の地図であり、県庁所在地らしく、市民が利用する多くの公共施設が地図上に存在している。主なものを列挙すれば、埼玉県庁、浦和市役所(当時)、浦和図書館、豊多摩刑務所(現・さいたま拘置支所)、浦和郵便局、浦和警察署などで、これらすべてが東北本線の線路の西側にある。
　さらに西側を走るのが国道17号(中山道)で、この国道の東側に諸施設が存在する。なお、現在は県庁の北西、国道の西側(常盤6丁目)に、さいたま市役所、浦和区役所が誕生している。
　浦和駅の南側に見える「文」マークは、さいたま市立高砂小学校である。この学校は明治4(1871)年、桜の名所として知られる玉蔵院内に浦和郷学校として開校した、古い歴史をもっている。また、その南には、狛ウサギで知られる調(つき)神社(調宮)と埼玉県立浦和第一女子高校が存在する。後者は、「浦和一女」として名高い女子教育の名門校で、作家の石井桃子、吉永みち子らの母校でもある。

きたうらわ・よの・さいたましんとしん

北浦和・与野・さいたま新都心

請願駅である北浦和・与野駅と
操車場跡地に生まれた新都心の玄関駅

北浦和

開業年	昭和11(1936)年9月1日
所在地	埼玉県さいたま市浦和区北浦和3-3-5
キロ程	26.0km(東京起点)
駅構造	地上駅(橋上駅)
ホーム	1面2線(＋ホーム無し4線)
乗車人員	50,459人　＊2014年度

与野

開業年	大正元(1912)年11月1日
所在地	埼玉県さいたま市浦和区上木崎1-1-1
キロ程	27.6km(東京起点)
駅構造	地上駅(橋上駅)
ホーム	1面2線
乗車人員	25,551人　＊2014年度

さいたま新都心

開業年	平成12(2000)年4月1日
所在地	埼玉県さいたま市大宮区吉敷町4-261-1
キロ程	28.7km(東京起点)
駅構造	地上駅(橋上駅)
ホーム	2面4線
乗車人員	43,667人　＊2014年度

北浦和駅西口(昭和42年)
西口は駅開業から約10年遅れの昭和22(1947)年の開設。終戦直後だけあって簡素な木造駅舎だった。
撮影：荻原二郎 

与野駅東口(昭和42年)
与野駅の東口は昭和33(1958)年の開設。小さな木造駅舎が建てられたが、それから10年足らずの間に橋上駅となり、東口も改築されている。
撮影：荻原二郎

北浦和駅西口(現在)
昭和43(1968)年に橋上駅となり、近代的な駅ビルに建て替えられた。近年は駅ビルの改築が進められている。

与野駅西口(現在)
駅開設時の設けられた西口。やはり開設当時は木造駅舎であったが、今では昔の面影は残っていない。

　浦和駅を中心とする、旧浦和市の繁華街の北に位置する北浦和駅は昭和11(1936)年に開業した。他の新駅と同様、地元の熱心な請願により誕生し、駅の新設に合わせて現在地に移転した浦和中学校(現・県立浦和高等学校)などの最寄り駅となった。現在も駅周辺に学校が多く立地し、学生の利用が多い。

　その北浦和より四半世紀も前に、やはり地元の請願によって誕生した駅が与野駅である。現在はさいたま市となった旧与野市の玄関駅であり、大原信号所を拡張する形で開設されている。沿線の大半の駅が旧中山道の沿う東側に駅舎が設けられていたなか、与野駅は当時の与野町のある西側に駅舎が設けられ、東口が設置されたのは昭和33(1958)年のことである。なお、その東口には樹齢300年を誇る巨樹「大原の大ケヤキ」があったが、樹勢の衰えにより平成22(2010)年に伐採された。現在は駅構内に写真が掲示されている。

　そして旧大宮操車場跡地を再開発して誕生した「さいたま新都心」の最寄り駅が、平成12(2000)年に開業したさいたま新都心駅である。京浜東北線のほか宇都宮線・高崎線も停車(湘南新宿ラインは通過)するが、特急や快速は通過する。埼京線の北与野駅とはペデストリアンデッキで結ばれ、乗り換えの便は悪くない。

寝台特急「ゆうづる」(昭和55年)
撮影：岩堀春夫

与野〜北浦和間をゆく寝台特急「ゆうづる」。右側は、武蔵野線との短絡線で、現在は「むさしの号」「しもうさ号」が通る。

特急「いなほ」(昭和46年)
撮影：荻原二郎

現在では新潟〜秋田間を結ぶ特急「いなほ」だが、上越新幹線開業前は上野〜秋田間を上越線経由で結んでいた。

新幹線リレー号(昭和57年)

昭和57(1982)年の東北・上越新幹線開業時、上野〜大宮間で運行された「新幹線リレー号」。

寝台特急「あけぼの」(昭和55年)
撮影：岩堀春夫

奥羽本線経由で上野〜青森間を結んでいた寝台特急「あけぼの」。写真は20系時代の晩年であり、間もなく24系に置き換えられた。

さいたま新都心駅開業(平成12年)
提供：さいたま市

さいたま新都心駅は、さいたま新都心自体の町開きより一ヶ月早く開業した。

さいたま新都心駅(現在)

改札口の前は、鈴木エドワード氏がデザインした近未来的なアーチ屋根を持つ自由通路となっている。

古地図探訪
昭和28年／北浦和駅・与野駅付近

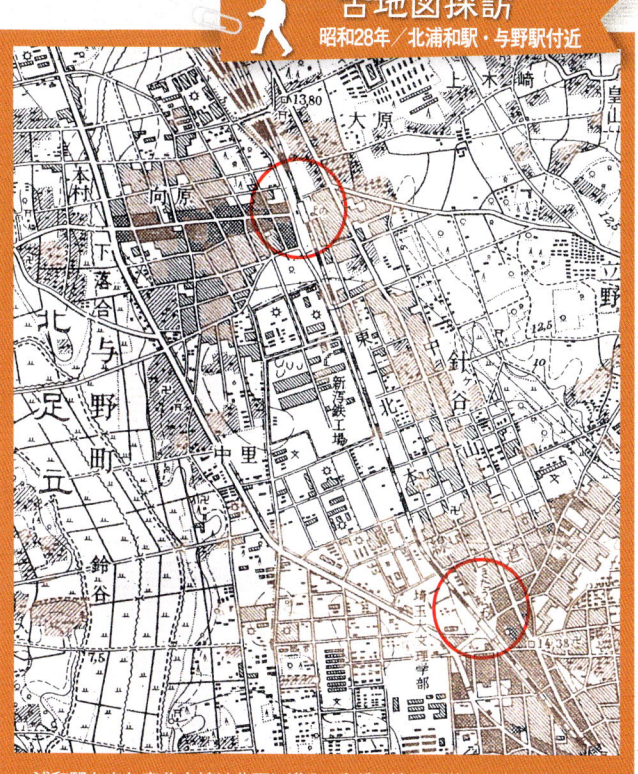

浦和駅を出た東北本線は北西に進み、やがて埼玉県道65号と交差する。この道路は県道164号に名称を変えるが、これは旧中山道で、かつての国道17号である。一方、駅の西側には、大宮バイパスとして建設された現・中山道(国道17号)が通っている。この2本の道路が最も接近する付近に置かれているのが、北浦和駅である。この駅には、現在も県立浦和高校などの生徒(学生)が通ってくるが、地図上にあるように、以前は駅のすぐ西側に埼玉大学文理学部のキャンパスがあり、その最寄り駅でもあった。現在、埼玉大学は桜区下大久保に移転し、その跡地には浦和北公園、埼玉県立近代美術館などが誕生している。北浦和駅付近には、県内を東西に横切る国道463号が通り、まっすぐ西に行けば、埼玉大学の大久保キャンパスに至る。

一方、与野駅の周辺には、工場の地図記号が存在するが、すぐ北にさいたま新都心駅が誕生したことなどもあり、この駅付近はほとんど住宅地となっている。駅の西側、中山道(国道17号)を越えたところに、さいたま中央区役所、与野郵便局がある。

おおみや

大宮

全国屈指の鉄道の町として発展した
関東地方中部で最大のターミナル

開業年	明治18(1885)年3月16日
所在地	埼玉県さいたま市大宮区錦町630
キロ程	30.3km(東京起点)
駅構造	地上駅・地下駅(在来線)、高架駅(新幹線)
ホーム	5面10線(在来線・地上)、2面4線(在来線・地下)、3面6線(新幹線)
乗車人員	244,556人 *2014年度

撮影：江本廣一

大宮駅東口(昭和28年)
当時は駅前ロータリー中央部に植え込みがあり、何ともゆったりとした駅前風景だった。

大宮駅全景(昭和40年)
東口側から見た大宮駅。正面の瀟洒な駅舎は、昭和天皇の行幸に合わせて昭和9(1934)年に建てられた。

提供：さいたま市

大宮駅東口(現在)
現在の大宮駅ビルは、昭和42(1967)年に民衆駅として建てられた。「ルミネ大宮」や「エキュート大宮」などが入居し、駅自体が巨大な商業施設である。

大宮駅の駅前(現在)
客待ちのタクシーが並ぶ東口のロータリー。すぐ右手には昭和45(1970)年開店の「大宮タカシマヤ」が建つ。

　宇都宮線と高崎線が分岐し、東北新幹線・上越新幹線の分岐点でもある大宮駅は、1日の乗車人員で上野駅をも上回る大ターミナルである。駅の規模では県庁所在地駅である浦和駅を圧倒し、埼玉県の実質的な中心地である。

　古くは氷川神社の門前町として栄えた歴史を持つ大宮は、明治時代に入り廃れてしまったことで、日本鉄道開業時には駅も設置されなかった。しかし、東北方面への路線の分岐点として選ばれたことで駅が設けられ、交通の要衝としての地位を得ることになる。加えて車両工場や操車場などの鉄道施設も次々と設けられたため、大宮は"鉄道の町"として大発展を遂げていった。さらには京浜東北線の起点ともなり、首都圏交通網の北端としても機能することとなる。

　駅の発展により、従来は停車しなかった特急列車も、昭和40(1965)年以降は少しずつ停車するようになった。昭和57(1982)年には東北・上越新幹線が開業、上野駅に延伸されるまでの3年間は新幹線の始発駅だった。また、駅の発展に合わせて駅周辺の市街地化も進み、東西出口周辺には大型商業施設が建ち並んでいる。平成19(2007)年には大宮工場の解体留置線跡地に鉄道博物館がオープン、"鉄道の町、大宮"をアピールした新たな町づくりも進んでいる。

大宮駅西口（昭和43年）

東口側に比べると開発の歩みが遅かった西口。明治末期〜昭和初期には川越電気鉄道（後の西武鉄道大宮線、昭和16年廃止）が駅を構えていた。

撮影：山田虎雄

大宮駅西口（現在）

昭和50年代以降の再開発により、西口駅前には商業ビルが建ち並び、東口を上回る都市化が進んだ。

大宮駅西口（昭和57年）

本格的な再開発が始まる前の西口付近。古い家屋が密集し、多くの居酒屋が軒を連ねていた。

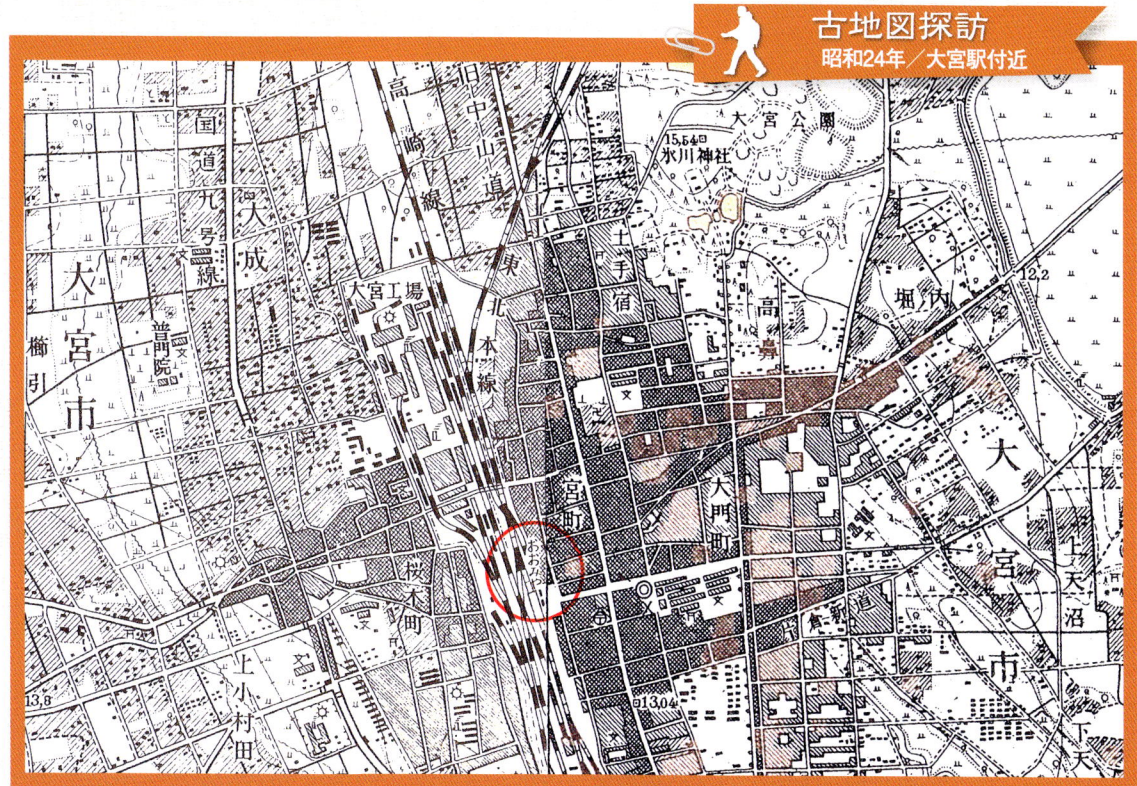

撮影：安田就視

古地図探訪
昭和24年／大宮駅付近

地図の中央を東北本線、高崎線が南北に貫き、その東側には旧中山道、西側には中山道（国道17号）が走る。従って、中山道の宿場町だった大宮宿は、現在のJR大宮駅の東側にあったことがわかる。駅の北東には、武蔵一宮（あるいは三宮）として知られる氷川神社があり、駅付近から約2キロ続く長い参道でも有名である。

また、広い境内は明治以降、大宮公園として整備され、現在は埼玉県営大宮公園のほか、第二大宮公園、大宮第三公園も造られて、野球場、サッカー場、競輪場、小動物園などの施設も備えている。

一方、駅の西側には、旧国鉄の大宮工場が見える。ここは明治27（1894）年、日本鉄道汽車課として設立され、明治29（1896）年に大宮工場として独立した。その後、官設鉄道、鉄道院、鉄道省などの所属をへて、現在はJR東日本の大宮総合車両センターとなっている。平成19（2007）年の鉄道記念日（10月14日）には、北側に鉄道博物館がオープンした。

特急「つばさ」(昭和43年)
上野〜秋田間を結んでいた特急「つばさ」。短期間ではあったが、ブルドッグフェイスのキハ81形で運行されていた時期があった。

特急「あさま」(平成2年)
碓氷峠を越え、上野と長野を結んでいた特急「あさま」。平成9(1997)年の長野新幹線開業により廃止されている。

寝台特急「北斗星」(平成25年)
青函トンネルの開業以来、上野と札幌とを結んできた寝台特急「北斗星」。平成27(2015)年3月に惜しまれつつも定期列車での運行を終えている。

特急「ひばり」(昭和57年)
ピーク時には15往復も運行された、上野〜仙台間を結ぶエル特急「ひばり」。最速列車では4時間を切る俊足ぶりであった。

大宮駅で発車を待つ京浜東北線(平成2年)
懐かしい103系時代の京浜東北線。スカイブルーの塗装も鮮やかだった。その後、205系・209系の活躍を経て、現在はE233系に統一されている。

大宮機関区（昭和28年）

往年の大宮機関区（現・大宮運転区）。昭和44（1969）年に無煙化されるまで蒸気機関車が数多く在籍していた。

撮影：荻原二郎

大宮町（昭和戦前期）

江戸時代の大宮は中山道の宿場に過ぎなかったが、東北本線、高崎線開業ともに県内有数の交通の要衝へと発展した。

ニューシャトル（平成元年）

上越新幹線の高架に沿って昭和58（1983）年に開業した、大宮〜内宿間を結ぶ埼玉新都市交通「ニューシャトル」。

撮影：荻原二郎

大宮工場（昭和戦前期）

大宮工場（現・大宮総合車両センター）は日本最大級の鉄道車両工場であった。吊り下げられているのは、国産初のパシフィック機（軸配置2C1）の18900形（後のC51形）蒸気機関車。

とろ・ひがしおおみや

土呂・東大宮

土呂は、さいたま市北区役所の最寄り駅
芝浦工大キャンパスには、東大宮駅から

土呂

開業年	昭和58(1983)年10月1日
所在地	埼玉県さいたま市北区土呂町1-14
キロ程	33.3km(東京起点)
駅構造	地上駅(橋上駅)
ホーム	1面2線
乗車人員	13,966人　*2014年度

東大宮

開業年	昭和39(1964)年3月20日
所在地	埼玉県さいたま市見沼区東大宮4-76-61
キロ程	35.4km(東京起点)
駅構造	地上駅(橋上駅)
ホーム	1面2線
乗車人員	32,035人　*2014年度

建設中の土呂駅(昭和58年)
開業を半年後に控えた建設中の土呂駅。ユニークな骨組みがすでに姿を現している。

撮影：高橋義雄

土呂駅(現在)
開業当時は屋根の色が黒であったが、現在では外壁と共通のカラーリングに塗り直された。またエレベーターが後から設置されたのが分かる。

東大宮駅(昭和45年)
開業から6～7年ほどしか経っておらず、真新しさの残るホームの脇を急行列車が通過していく。

撮影：山田虎雄

東大宮駅(現在)
開業時からの橋上駅である東大宮駅。エレベーターの増築やコンビニの開店などにより、外観の印象はかなり変わっている。

　昭和58(1983)年12月に開業した埼玉新交通伊奈線(ニューシャトル)の加茂宮駅とともに、さいたま市北区役所の最寄り駅となっているのが、宇都宮線の土呂駅である。この駅の開業も同じ昭和58年の10月である。さいたま市北区が誕生したのは平成13(2001)年で、それまでは大宮市であった。土呂駅は開業以来、島式ホーム1面2線のある地上駅であり、橋上駅舎をもっている。

　さいたま市内を進んできた宇都宮線は、土呂駅を過ぎると最後の区である見沼区内に入る。区内唯一のJR駅が東大宮駅である。このあたりの土呂～東大宮間で、北区と見沼区の境目となる付近、北西側の芝川沿いにJR東日本の大宮総合車両センター東大宮センターが存在する。ここはかつて東大宮操車場と呼ばれており、東北本線をはじめとして常磐線、高崎線などの列車、電車の整備などを行っていた。

　この東大宮駅の駅名だが、同じ東北線の大宮～土呂間のJR線に沿う形で、東武野田線(アーバンパークライン)には北大宮駅がある。既に「北」を冠する駅があるため、宇都宮線の新駅の名称に「東大宮」が採用された。この駅に待避線がなく、普通列車のみが停車するが、芝浦工業大学大宮キャンパスの最寄り駅となっているため、学生を始めとする利用客の数も多い。

44

夜行急行「八甲田」(昭和57年)
上野〜青森間を結び、特急を補完していた急行「八甲田」。夜行ながらオール座席車で運行されることの多い列車だった。
撮影：伊藤 昭

特急「あいづ」
上野〜会津若松間を結んでいた特急「あいづ」。東北新幹線の経路から外れていたため、他の特急より長く平成5 (1993) 年まで運行されていた。
撮影：高橋義雄

お召し列車牽引機 (昭和58年)
土呂駅付近を通過する客車列車。牽引するEF58形電気機関車61号機は、お召し列車牽引機関車として名高い。
撮影：高橋義雄

特急「日光」(平成20年)
平成18 (2006) 年から運行を開始した東武日光線直通特急「日光」。平成23 (2011) 年までは485系で運行されている。

東大宮操車場 (昭和57年)
電車から客車まで、様々な車両が留置されている東大宮操車場 (現・大宮総合車両センター東大宮センター)。
撮影：高橋義雄

東大宮操車場 (昭和56年)
長らく主力機関車の座に君臨していたEF58形電気機関車も、昭和50年代には晩年を迎え、出番は限られるようになっていた。
撮影：高橋義雄

新興住宅街の建設予定地 (昭和61年)
東大宮〜蓮田間に開発され、東大宮駅利用者が増える契機となった新興住宅街「アーバンみらい東大宮」の開発予定地。
撮影：高橋義雄

はすだ・しらおか・しんしらおか

蓮田・白岡・新白岡

明治開業の蓮田には、武州鉄道の歴史
白岡市内に白岡・新白岡の2駅がある

蓮田

開業年	明治18(1885)年7月16日
所在地	埼玉県蓮田市本町1-2
キロ程	39.2km(東京起点)
駅構造	地上駅(橋上駅)
ホーム	2面3線
乗車人員	20,834人　*2014年度

白岡

開業年	明治43(1910)年2月11日
所在地	埼玉県白岡市小久喜1213
キロ程	43.5km(東京起点)
駅構造	地上駅(橋上駅)
ホーム	2面3線
乗車人員	12,793人　*2014年度

新白岡

開業年	昭和62(1987)年2月26日
所在地	埼玉県白岡市野牛1107-4
キロ程	45.9km(東京起点)
駅構造	地上駅(橋上駅)
ホーム	2面2線
乗車人員	6,211人　*2014年度

蓮田駅(昭和44年)
昭和35(1960)年に建てられた2代目駅舎。橋上駅となった現在も蓮田市役所駅西口連絡所として使用されている。

提供：蓮田市

白岡駅(昭和30年代)
昭和51年に橋上駅舎化されるまで使用された旧駅舎。

提供：白岡市教育委員会

蓮田駅(現在)
駅は昭和47(1972)年に橋上駅となった。東西入口ともロータリーが整備され、西口には駅開設を記念した「蓮田車站納地記念碑」が立つ。

白岡駅(現在)
駅舎は昭和51(1976)年に橋上駅化された。1番線ホーム上には旧駅舎の建物も残っている。

新白岡駅
地域住民の要望により開設された新白岡駅は、独特のスタイルの大屋根を持つ橋上駅舎。東口に大きなロータリーを持つ

　宇都宮線は大宮駅を過ぎると駅間距離が長くなる。日本鉄道の開業当初は、大宮の隣駅は蓮田駅であり、土呂駅と東大宮駅はなかった。同様に沿線の発展とともに、蓮田駅以北にも白岡、新白岡の両駅が置かれた歴史がある。

　さて、蓮田駅は人口約6万人の蓮田市の玄関口である。現在はJR単独の駅であるが、大正13(1924)年から昭和13(1938)年にかけて、この駅から南の岩槻方面に伸びる武州鉄道が存在した。この武州鉄道は、東京(赤羽)と日光を結ぶ壮大な構想を持っていたが、蓮田～神根間の約17キロの開通に終わり、短期間で廃止された。

　一方、日本鉄道の駅から出発した蓮田駅の駅舎は戦後に2回の改築が行われ、現在に至っている。昭和35(1960)年に誕生した二代目駅舎は、昭和47(1972)年の改築により、橋上駅舎が生まれた後もそのまま残された。現在は蓮田市役所駅西口連絡所として使用されている。

　白岡駅は明治41(1908)年5月、白岡信号所からスタートし、2年後の明治43(1910)年に駅に昇格した。当初の駅舎は西口側に存在し、東口側にはビール用の麦芽製造工場があり、引き込み線も敷かれていた。昭和51(1976)年に橋上駅舎に変わり、現在は駅ビルも誕生している。

　新白岡駅は昭和62(1987)年4月に開業した。相対式ホーム2面2線を有する地上駅で、橋上駅舎がある。

蒸気機関車が牽く客車列車（昭和28年）
まだ途中駅の誕生していない大宮〜蓮田間をゆく客車列車。当時は一面の田畑が広がっていた。

撮影：伊藤 昭

特急「はつかり」（昭和56年）
上野〜青森間を結び、青森で青函連絡船に接続していた特急「はつかり」。485系のほか583系で運転される列車もあった。

撮影：高橋義雄

田園風景を走る（平成22年）
東大宮〜蓮田間をゆく宇都宮線のE231系。宅地化が進んだとはいえ、まだまだ田園風景も見ることができる。

寝台特急「カシオペア」（平成22年）
上野と札幌とを結び、全室個室編成の豪華寝台特急である「カシオペア」。北海道新幹線の開業を目前に控え、去就が注目されている。

湘南色の80系（昭和36年）
戦後の高性能電車の草分け的存在であり、湘南カラーの元祖・80系。東北本線・高崎線系統でも普通や準急などに活躍した。

撮影：伊藤 昭

古地図探訪
昭和30年／蓮田駅付近

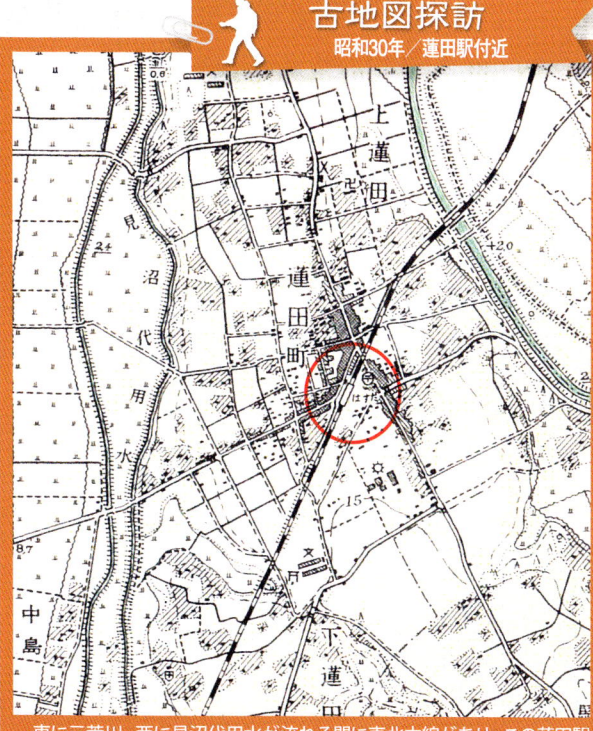

東に元荒川、西に見沼代用水が流れる間に東北本線があり、この蓮田駅がある。東北本線は北東に進んでおり、やがて元荒川を渡るが、現在はその先の線路沿いに蓮田市役所の庁舎が置かれている。この時期、駅周辺には広い道路は見えないが、現在は東側を走る国道122号（蓮田岩槻バイパス）が整備され、東京都内から栃木県日光市に続く形になっている。この道路は、駅の北、元荒川橋に架かる新今宮橋付近の関山北交差点で、埼玉県道3号と交わっている。

西側に見える見沼代用水は、江戸時代に開発された灌漑農業用水で、行田市付近の利根川から取水し、2本の水路が現在の足立区、さいたま市南区付近に至る日本三大農業用水のひとつだった。蓮田駅付近には目立つ建物は少ない。地図上の「下蓮田」の文字の上に見えるのが蓮田市立蓮田南小学校で、その南西には若宮八幡宮が鎮座している。

47

くき・ひがしわしのみや

久喜・東鷲宮

人口15万人を誇る久喜市の玄関駅と
不思議な形状の駅である東鷲宮駅

久喜

開業年	明治18(1885)年7月16日
所在地	埼玉県久喜市久喜中央2-1-1
キロ程	48.9km(東京起点)
駅構造	地上駅(橋上駅)
ホーム	2面3線
乗車人員	35,862人　*2014年度

東鷲宮

開業年	昭和56(1981)年4月15日
所在地	埼玉県久喜市西大輪326
キロ程	51.6km(東京起点)
駅構造	地上駅・高架駅
ホーム	2面2線
乗車人員	10,280人　*2014年度

久喜駅(昭和41年)
地上駅時代の久喜駅。駅舎は西側に設けられ、昭和45(1970)年に橋上駅化されるまで東側に出入口はなかった。

提供：久喜市教育委員会

荷物列車(昭和51年)
EF58形が牽引する荷物列車。かつては隅田川貨物駅を発着する荷物列車が数多く運転されていた。

撮影：高橋義雄

久喜の中心街(昭和戦前期)
久喜では当時から周辺の農村地帯の中心都市で、綿織物などの産業も発達していた。

久喜駅(現在)
駅構内は自由通路上で東武とJRの改札口が並び、駅名標記は東口が東武、西口がJRのものとなっている。

　日本鉄道として開業以来の歴史を持つ久喜駅は、東武伊勢崎線との接続駅。明治18(1885)年の日本鉄道開業から14年後の明治32(1899)年に東武鉄道が北千住～久喜間で開業し、以来110年以上にわたりライバル関係にある。駅は隣接していて乗り換え改札口も設けられており、コンコースは一日を通して賑わっている。なおJR・東武とも地上を走る橋上駅だが、真上を東北新幹線の高架橋が通過しているため、一見すると高架駅のようにも見える。

　一方、上り線だけが高架ホームという珍しい形の駅が東鷲宮である。昭和57(1982)年に、貨物ターミナルと東北新幹線の保線車両基地の新設に合わせて開業した駅であり、大正時代より駅の誘致運動を行なっていた旧鷲宮町(現・久喜市)にとって待望の玄関駅となった。

　上り線だけ高架線となったのは、貨物車両の出入りを円滑にするためであり、当初から上り線だけが高架化される予定であった。しかし肝心の貨物ターミナルの方はわずか5年で廃止されてしまい、上り線自体も高架線である必要はなくなっている。長らく放置されていた貨物駅跡も、2000年代以降に再開発されてロータリーや駐車場などに生まれかわっており、今ではなぜ、こうした構造駅になったのか想像しがたくなっている。

開業直前の東鷲宮駅（昭和56年）
上り線だけに真新しい高架ホームが建設されている。貨物駅なども設けられ、周辺の整備が続けられている。

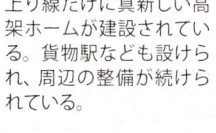

撮影：高橋義雄

東鷲宮駅（昭和56年）
上記写真と同様、開業直前の駅の様子。駅舎は西側に建てられたが、東側にもロータリーが設けられた。

撮影：高橋義雄

東鷲宮駅（現在）
西側に建つ開業当時のままのシンプルな駅舎。駅前には東鷲宮駅開業記念碑が立つ。

東鷲宮駅（現在）
東側には現在も駅舎はないが、地下道で西側の改札口と通じている。貨物駅跡も再開発され、少しずつ賑わいが増している。

特急「やまばと」（昭和57年）
蓮田〜東大宮間をゆく、上野〜山形間を結ぶ特急「やまばと」。田園地帯だった周囲の風景も今では大きく変わっている。

撮影：高橋義雄

急行「日光」「なすの」（昭和57年）
急行「日光」「なすの」（昭和57年）
久喜〜栗橋間をゆく急行「日光」「なすの」の併結編成。湘南色の165系で運行されていた。

撮影：高橋義雄

古地図探訪
昭和28年／久喜駅付近

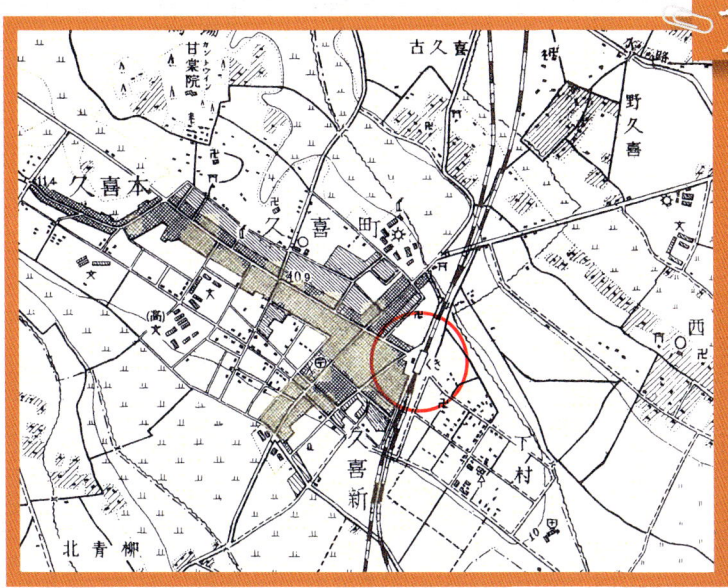

　この時期はもちろん東北新幹線の線路はなく、東北本線と東武伊勢崎線2本の線路が見える。まだ久喜町だった頃で、昭和29（1954）年に太田・江面・清久の3村と合併した後、昭和46（1971）年に市制が施行され、久喜市となっている。また、平成22（2010）年には鷲宮町・栗橋町・菖蒲町と合併し、市域はさらに広がっている。
　この時期の久喜町は駅の西側を中心に家屋が広がっており、町役場や郵便局があった。三つ並んで見える「文」の地図記号は、埼玉県立久喜高校と久喜市立久喜小学校、久喜中学校である。現在は中学校と高校の間に、久喜郵便局が移転してきている。また、その後、久喜市役所が高校の南側に誕生し、駅の東側には久喜市立図書館もできている。駅の北側に見える「鳥居」の記号は、愛宕神社である。

くりはし

栗橋

利根川の南岸に位置する交通の要衝は今ではJR・東武直通特急の結節点

開業年	明治18(1885)年7月16日
所在地	埼玉県久喜市栗橋北1-1-1
キロ程	57.2km(東京起点)
駅構造	地上駅(橋上駅)
ホーム	2面3線
乗車人員	11,843人　*2014年度

栗橋の中心街(昭和戦前期)
栗橋は東海道の「箱根」、甲州街道の「小仏」のような江戸を防衛する要衝で、宿場町としての賑わいも見せていた。

蒸気機関車が牽引する客車列車(昭和28年)
栗橋駅付近をゆく。今では「貴婦人」の愛称で呼ばれる、"シゴナナ"ことC57形蒸気機関車が牽引している。
撮影：伊藤 昭

栗橋駅西口(現在)
平成12(2000年)の橋上駅化によって誕生した、洒落た外観の栗橋駅舎。それ以前は小さな平屋建て駅舎で、JR・東武で改札は共通だった。

栗橋駅東口(現在)
橋上駅化に際して新設された西口。東武日光線の改札口は西口寄りにある。

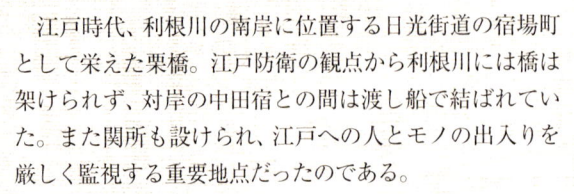

　江戸時代、利根川の南岸に位置する日光街道の宿場町として栄えた栗橋。江戸防衛の観点から利根川には橋は架けられず、対岸の中田宿との間は渡し船で結ばれていた。また関所も設けられ、江戸への人とモノの出入りを厳しく監視する重要地点だったのである。

　明治期になり関所は廃止され、明治18(1885)年7月には日本鉄道が宇都宮まで開通する。しかし、その時点で利根川の鉄橋は未開通のままであり、翌明治19(1886)年6月に鉄橋が開通するまでの約1年間、乗客は栗橋で下車して渡船で利根川を渡っていた。駅東口には、栗橋宿や利根川が描かれた江戸時代の絵図面が掲示されている。

　昭和4(1929)年4月、東武日光線が開業して乗り換え駅となる。その後は対首都圏において両者はライバルとなるが、平成18(2006)年に新宿〜東武日光・鬼怒川温泉間で特急「(スペーシア)日光・きぬがわ」が運行を開始した。長年のライバルであったJRと東武が提携して相互直通運転を行うことになり、栗橋駅にJR・東武連絡線が建設された。連絡線は両社の駅間平面交差で設けられ、乗務員が交代するためのデッキも設けられた。以来、栗橋駅では連絡線を通過する特急列車を見ることができるが、当駅での客扱いの停車はない。

特急「あいづ」(昭和57年)
撮影:高橋義雄

「あいづ」は昭和43(1968)年に山形行き特急「やまばと」から分離する形で登場。デビューから廃止まで485系での運行だった。

特急「つばさ」(昭和57年)
撮影:高橋義雄

上野〜秋田間を結んだロングラン特急「つばさ」。奥羽本線を経由していたため、その名称は山形新幹線に受け継がれている。

栗橋駅に停車するE233系(現在)

頭上の橋上駅はガラス張りで、同一フロアにJR、東武がそれぞれ改札口を構えている。

停車中の南栗橋行き東武電車(現在)

JR、東武ともに都心へのルートを持つが、東武は上り列車の大半が次の南栗橋止まりであり、都心に出るには乗り換えが必要となる。

連絡線上の乗務員交代用ホーム(現在)

栗橋駅では日光・鬼怒川方面への特急がJRから東武線へと乗り入れ、連絡線上で乗務員が交代する。

特急「日光詣スペーシア」(現在)

東武自慢の特急「スペーシア」も栗橋駅でJR宇都宮線に乗り入れ、直通運転を行っている。

古地図探訪
昭和28年／栗橋駅付近

地図の中央付近では、東北本線と東武日光線が交わり、両線に栗橋駅が置かれている。その東側には、関東の大河、利根川の流れが見える。両者の間には日光街道(国道4号)が北に伸びており、利根川橋を渡って、古河方面に向かうことになる。この当時、栗橋町の町並みは、駅の東側、国道に沿う形で広がっている。江戸時代まではこの地に橋はなく、房川渡(ぼうせんのわたし)と栗橋宿があり、幕府による関所が置かれていた。

栗橋駅付近には目立つ建物がなく、東口付近に「静御前之墓」の文字が見える。栗橋付近(北葛飾郡)には、昭和32(1957)年まで静村(現・久喜市の一部)が置かれ、源義経の愛妾だった静御前の終焉地という伝説がある。静御前は文治5(1189)年に静村で没し、高柳村(現・栗橋市)にあった高柳寺に葬られたとされる。この高柳寺は後に古河に移り、現在は光了寺となっている。その後、この地には「静女の墳」の墓石が建立され、静桜が植えられている。

こが

古河

宇都宮線で唯一の茨城県内の駅は歴史遺産の多い沿線屈指の観光地

開業年	明治18(1885)年7月16日
所在地	茨城県古河市本町1-1-15
キロ程	64.7km（東京起点）
駅構造	高架駅
ホーム	2面4線
乗車人員	13,511人　*2014年度

古河駅西口（昭和51年）
開設当初からの西口側には、瀟洒な三角屋根の駅舎が建っていた。これらの駅舎も高架化に際し取り壊されている。

古河駅東口（昭和51年）
地上駅時代の古河駅東口。昭和28(1953)年に開設され、高度成長期以降に急速に発達した。

古河駅東口（現在）
宇都宮線では珍しく高架化された古河駅。かつては「ホームライナー古河」の終着駅でもあった。

古河駅西口（現在）
旧来の宿場町に面した西口。主な観光名所も大半が西側にある。

　宇都宮線といえば、東京都から埼玉県を経由して栃木県に至る路線、と認識している人が多いだろう。だがじつは、わずかながら茨城県も通っている。古河駅が宇都宮線における唯一の茨城県内の駅であり、茨城県内では最古の鉄道駅でもある。かつては貨物も取り扱う広い構内を持っていたが、昭和59(1984)年に高架駅となった。当駅始発・終着列車も存在する。

　茨城県最西端に位置する古河市は、万葉の時代以来の歴史を誇り、日本史の教科書にも登場する"古河公方"の存在で名高い。古河公方は室町幕府から関東支配を任された鎌倉公方が、古河に本拠地を移して以来の呼称であり、短い期間ではあったが関東の武家社会におけるリーダーであった。また江戸時代には古河藩の城下町として、日光街道の宿場町として栄えた。現在も市内に多くの史跡が残り、宇都宮線沿線では有数の観光エリアともなっている。

　古河駅は日本鉄道が宇都宮まで開業して以来の歴史を持つが、開業時は利根川の鉄橋が未開通であった。それゆえ古河駅より南に中田仮駅を設け、栗橋～中田仮駅間は徒歩と渡船で連絡していた。なお開業翌年に架けられた利根川橋梁は、昭和52(1977)年に架け替えられるまで、下り線の鉄橋として使用されている。

非電化時代のディーゼルカー（昭和30年）
古河～栗橋間をゆく快速列車。写真の514列車は日光発と黒磯発を宇都宮で併結、上野まで運転されていた。

非電化時代のディーゼルカー（昭和31年）
まだ地上時代の古河駅を発車した快速列車。キハ10系気動車は昭和28（1953）年に登場した、当時の新鋭ディーゼルカーであった。

急行「まつしま」（昭和57年）
古河～栗橋間をゆく急行「まつしま」。上野～仙台間を結び、東北新幹線開業後も活躍、昭和60（1985）年に廃止されている。

古地図探訪
昭和30年／古河駅付近

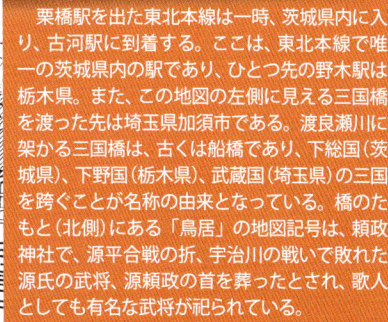

栗橋駅を出た東北本線は一時、茨城県内に入り、古河駅に到着する。ここは、東北本線で唯一の茨城県内の駅であり、ひとつ先の野木駅は栃木県。また、この地図の左側に見える三国橋を渡った先は埼玉県加須市である。渡良瀬川に架かる三国橋は、古くは船橋であり、下総国（茨城）、下野国（栃木県）、武蔵国（埼玉県）の三国を跨ぐことが名称の由来となっている。橋のたもと（北側）にある「鳥居」の地図記号は、頼政神社で、源平合戦の折、宇治川の戦いで敗れた源氏の武将、源頼政の首を葬ったとされ、歌人としても有名な武将が祀られている。

古河は、古来より交通の要地で、橋の架橋以前には「古河の渡し」があったことを記す和歌が万葉集に含まれている。町を南北に貫くのが東北線と日光街道（国道4号）で、線路の西側に見える道路が茨城・栃木県道261号で、かつての国道4号である。現在は、駅の東側に新しい国道4号が通っている。この当時、駅および日光街道の西側に存在した古河市役所は、その後、かなり離れた南東、中央運動公園付近に移転している。

のぎ・ままだ

野木・間々田

栃木県最南端・野木町の玄関駅
日光街道に近い旧・間々田町の駅

野木
開業年	昭和38(1963)年2月16日
所在地	栃木県下都賀郡野木町大字丸林322
キロ程	69.4km（東京起点）
駅構造	地上駅（橋上駅）
ホーム	1面2線
乗車人員	5,093人　*2014年度

間々田
開業年	明治27(1894)年4月1日
所在地	栃木県小山市乙女3-16
キロ程	73.3km（東京起点）
駅構造	地上駅（橋上駅）
ホーム	2面2線
乗車人員	4,308人　*2014年度

撮影：山田虎雄

撮影：高橋義雄

間々田駅（昭和57年）
橋上駅となった当時の間々田駅。駅名表記が改められた以外、現在もあまり変わっていない。

野木駅（昭和57年）
鉄骨むきだしの無骨なスタイルだった改築前の野木駅。駅舎の真下からも樹木が伸びている。

野木駅（現在）
西口側から見た現在の野木駅。エレベーターや上屋などが増築され、原型をとどめないほどの改築された。

野木駅東口（現在）
東口には噴水が設けられ、ささやかながら町の玄関駅らしい雰囲気が漂う。野木町役場は東口から近い。

　古河駅を発車し、茨城県から栃木県に入った最初の駅が野木駅である。野木町は栃木県の最南端に位置し、地元の熱心な誘致により昭和38(1963)年に開設された。昭和50年代から平成の初期にかけ、駅の南西部を中心に新興住宅街「野木ローズタウン」が造成され人口が急増、それに合わせて駅の利用者も大きく増えることとなる。近年は減少傾向にあるものの、普通列車しか停まらない駅ながら、駅の利用者も栃木県内の宇都宮線の駅では小山駅に次いで多い。なお野木町は明治以来一度も他の自治体との合併を経験せず、平成の大合併も乗り越え、「町」のまま現在も存続している自治体である。

　間々田駅は小山市の南部に位置し、日本鉄道時代の明治27(1894)年に開設された。旧間々田村（のち間々田町）の玄関駅として開設されたが、間々田町は昭和38(1963)年に小山市に編入されている。明治後期〜大正期には、近くを流れる思川（おもいがわ）の砂利を運搬するため、人力での軽便鉄道が運行されていたこともある。長らく旧日光街道（国道4号）が通る西側にしか出入口がなかったが、昭和54(1979)年に橋上駅となり東口が開設されて以降、宅地化が進み駅の利用者も急増している。

間々田駅東口（現在）
橋上駅となった際に設けられた東口。エレベーターが設置されている以外は東西で対照的なデザインとなっている。

間々田駅西口（現在）
開設時以来の駅の正面玄関である西口。かつては思川への軽便鉄道が接続している時代もあった。

特急「やまばと」（昭和45年）
間々田付近をゆく特急「やまばと」。485系に変わったばかりの頃は、食堂車も連結する豪華編成だった。

間々田駅ホーム（昭和49年）
早朝、女子高生の待つホームに列車が滑り込む。下りホームに停車中の列車は郡山行き客車列車。 
撮影：高橋義雄

急行「日光」（昭和57年）
稲刈りを終えた10月末、間々田〜野木間をゆく。すでに東北新幹線は開業していたが、急行列車は、あとしばらくのあいだ活躍を許された。 
撮影：高橋義雄

急行「あづま」「ばんだい」（昭和57年）
野木〜古河間をゆく上野〜福島間の急行「あづま」と、上野〜会津若松間の急行「ばんだい」の併結編成。
撮影：高橋義雄

間々田駅（現在）
中央に退避用の2番線があったが、すでに線路が剥がされホームはフェンスで覆われている。宇都宮線には同じような状況の駅が多い。

55

おやま

小山

関ヶ原の戦いの端緒となった"開運のまち"小山市の中心駅

開業年	明治18（1885）年7月16日
所在地	栃木県小山市城山町3－3－22
キロ程	80.6km（東京起点）
駅構造	地上駅、高架駅（新幹線）
ホーム	4面8線、新幹線2面3線
乗車人員	21,864人　*2014年度

小山駅（昭和41年）
木造駅舎時代の小山駅。昭和53（1978）年に現駅舎に建て替えられるまで使われていた。
撮影：荻原二郎

小山駅（現在）
新幹線の高架ホームを丸ごと含んだターミナル駅。商業施設「VAL小山」が駅舎内に入居している。

小山駅東口（現在）
以前は東側へのアクセスがネックだったが、平成25（2013）年に駅舎内に東西自由通路「さくら道」が開通、駅前広場も整備されている。

　人口15万人を誇る栃木県第2の都市・小山市の玄関駅。現在は東北新幹線も接続し、1日あたりの乗車人員が2万人を超える拠点駅である。古来より宿場町として栄えた小山だが、日本鉄道の開業に続いて明治21（1888）年に両毛鉄道（現・両毛線）、明治22（1889）年には水戸鉄道（現・水戸線）が開通するなど、明治期以降も交通の要衝として発展した。今なお広い留置線を持ち、また新幹線開業に際しては他の線区に先駆けて実験線が建設され、駅北側には新幹線車両の留置線である小山新幹線車両センターも設けられている。

　そのほか駅の北東に所在する電気機器メーカー・東光高岳の工場との間に専用線が敷かれている。

　また小山といえば、関ヶ原の戦いの直前に徳川家康が開いた「小山評定」で名高い。豊臣政権に反旗を翻した上杉景勝を討つため、家康は小山まで軍を進めたものの、石田三成が挙兵したため急遽、小山で会議を開いたのである。三成に味方したくば陣を離れても構わないと家康は言い放つが、諸将のほとんどが陣にとどまり東軍方についた。天下分け目の決戦の帰趨を決める重要な会議であったわけだが、この小山評定跡は小山駅からほど近くにある。また小山評定に由来し、小山市では「開運のまち」としてピーアールを行っている。

停車中のディーゼルカー（昭和28年）
小山駅に停車しているキハ41500形（キハ06形）。昭和20～30年代には、このようなレトロなディーゼルカーも活躍していた。

小山駅に入線する客車列車（昭和30年）
C58形蒸気機関車が牽引する、白河発上野行き540列車。日光からの列車も併結して走っていた。
撮影：伊藤 昭

小山駅構内（昭和戦前期）
水戸線・両毛線沿線の農産物の集積地として、小山駅は大規模な貨物ターミナルであった。

両毛線の電車（現在）
小山駅に停車する両毛線の107系。両毛線の6・8番ホームは宇都宮線とは少し離れていて、乗り継ぎには若干の時間を要する。

水戸線の電車（現在）
かつては上野発着の常磐線でも活躍していた415系1500番代。現在はE501系とE531系も当線で使用される。

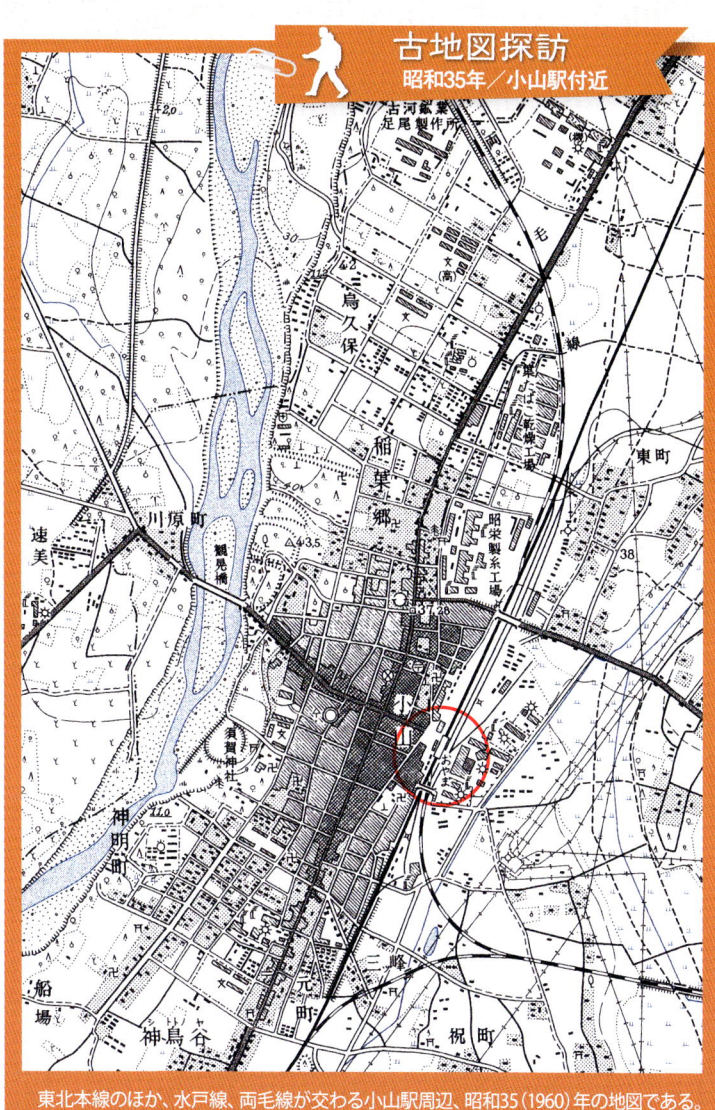

古地図探訪
昭和35年／小山駅付近

東北本線のほか、水戸線、両毛線が交わる小山駅周辺、昭和35（1960）年の地図である。この当時は、東側の水戸線から小山駅南側に伸びる連絡線が存在したことがわかる。
　駅の西側には、中洲が多く存在する思川が流れ、観晃橋が川原町方向に架かっている。その間を南北に走る道路は、現在の栃木県道265号であり、この当時は国道4号と呼ばれていた。　昭和40（1965）年、西側に小山バイパスが全通し、こちらが国道4号となっているが、その後、さらに大規模な新4号国道バイパスも生まれている。
　観晃橋の東側は、小山氏の居城だった小山（祇園）城の跡地で、現在は城山公園として整備されている。また、この付近から駅前までは城山町1～3丁目となっている。その南側、中央町2丁目付近には、小山市役所の地図記号が見えるが、現在は西側の中央町1丁目に移転している。その南側、宮本町には須賀神社が鎮座している。

こがねい・じちいだい・いしばし・すずめのみや

小金井・自治医大・石橋・雀宮

快速列車も全列車が停車する栃木県内、小山〜宇都宮間の4駅

小金井

開業年	明治26(1893)年3月25日
所在地	栃木県下野市小金井3009
キロ程	88.1km(東京起点)
駅構造	地上駅(橋上駅)
ホーム	2面4線、新幹線2面2線
乗車人員	3,911人　*2014年度

自治医大

開業年	昭和58(1983)年4月27日
所在地	栃木県下野市医大前3-13-3
キロ程	90.7km(東京起点)
駅構造	地上駅(橋上駅)
ホーム	1面2線
乗車人員	3,702人　*2014年度

石橋

開業年	明治18(1885)年7月16日
所在地	栃木県下野市石橋240
キロ程	95.4km(東京起点)
駅構造	地上駅(橋上駅)
ホーム	2面2線
乗車人員	4,802人　*2014年度

雀宮

開業年	明治28(1895)年7月6日
所在地	栃木県宇都宮市雀の宮1-19
キロ程	101.8km(東京起点)
駅構造	地上駅(橋上駅)
ホーム	2面3線
乗車人員	4,432人　*2014年度

提供：下野市教育委員会

小金井駅(昭和30年代)
現在の橋上駅舎(4代目駅舎)になる前の3代目駅舎。当時は下都賀郡国分寺町であった。

小金井駅(現在)
東口から見た小金井駅。橋上駅であり、改札口のある跨線橋から直接、駐輪場へとつながったユニークな構造をしている。

自治医大駅(現在)
国鉄では初となった、施設名を冠した駅。自治医科大学および自治医大付属病院までは徒歩10分ほどの距離にある。

石橋駅(現在)
橋上駅だが新幹線の高架線が真上を通り、高架駅のように見える。また駅前ロータリーにはメルヘンチックな時計台が立つ。

　宇都宮線最大の車両基地である小山車両センター(旧・小山電車区)を併設する駅が小金井駅である。ホームからも留置車両がよく見え、列車の約半数が当駅を始発・終着とする。第二次世界大戦末期の昭和20(1945)年7月28日には、駅が空襲を受け大きな犠牲を出しているが、駅西口には犠牲者を追悼する慰霊碑「平和の礎」が建立されている。

　自治医大駅は、昭和58(1983)年に開設された栃木県内のJR線では最も新しい。駅名を決める際には地元間で対立があり、最終的に駅の東側に開設された施設名で落ち着いた。施設名が駅名となるのは旧国鉄では初めてのケースであったという。

　石橋駅は日本鉄道が宇都宮まで開業したときに開設された、大宮以北の宇都宮線では最も古い駅のひとつである。旧石橋町(現・下野市)の中心駅であり、かつては優等列車も停車していた。なお当駅と次の雀宮駅の間に、日本有数の貨物駅である宇都宮貨物ターミナル駅が設けられている。

　そして、雀宮駅は宇都宮市で最も南に位置する駅。平成23(2011)年に新しい橋上駅となったが、明治45(1912)年に建てられた跨線橋の鉄柱が現在も残され、ホームの時刻表掲示板を支える柱として使われている。

雀宮駅ホーム（現在）
中央に退避可能な通過線を持つ2面3線構造。ホーム上に鉄道員時代の跨線橋の鉄柱を使用した時刻表掲示板が立つ。

雀宮駅（現在）
以前は小さな木造駅舎であったが、平成23（2011）年にアーチ型のモダンな外観の橋上駅舎が建てられている。

雀宮駅に貨物列車が入線（昭和52年）
2番線に進入する貨物列車。牽引するEF65形電気機関車1000番台は1017号機は、新鶴見機関区に所属し旅客・貨物の両方で活躍した。

撮影：岩堀春夫

準急「日光」（昭和36年）
157系で運転される準急「日光」が小金井駅を通過。待避線には貨物列車が通過を待っている。

撮影：荻原二郎

寝台特急「はくつる」（昭和41年）
20系客車で運行されていた当時の寝台特急「はくつる」は、EF58形電気機関車で牽引されていた。

撮影：荻原二郎

EF58形が牽引する客車列車（昭和38年）
石橋〜雀宮間をゆく。牽引する129号機は後にぶどう色から青とクリームの標準色に塗色変更された。

撮影：小川峯生

準急「しもつけ」（昭和38年）
石橋〜雀宮間を走る準急「しもつけ」。上野〜日光・黒磯間で運行され、のちに電車化されている。

撮影：小川峯生

59

うつのみや

宇都宮

東北本線屈指の乗降客を誇る北関東最大のターミナル駅

開業年	明治18(1885)年7月16日
所在地	栃木県宇都宮市川向町1-23
キロ程	109.5km(東京起点)
駅構造	地上駅
ホーム	3面5線
乗車人員	35,769人 *2014年度

宇都宮駅(昭和40年)
昭和33(1958)年に竣功した宇都宮駅の4代目駅舎。2階にはステーションデパートが入居していた。
撮影:荻原二郎

宇都宮駅(大正期)
平屋建てだった初代駅舎に代わり、明治35(1902)年に建てられた。県庁所在地駅にふさわしい社殿風の立派な造りであったが、戦災で焼失している。
所蔵:生田 誠

宇都宮駅(現在)
仮駅舎時代も含め、6代目にあたる現駅舎は昭和55(1980)年竣功。2階が改札口であり、地上に在来線、3階に新幹線が発着する。

　今では「日本一の餃子の町」として知られる栃木県の県庁所在地・宇都宮の玄関駅。東北線の上野～黒磯間の愛称が「宇都宮線」と名付けられたことからも分かるように、沿線を代表するターミナル駅であり、利用者数も北関東のJR駅では最も多い。それどころか宇都宮以北の東北本線の駅と比較しても仙台駅に次いで利用者が多く、東北本線を代表する駅のひとつである。
　もっとも、開業当時は宇都宮の住民から決して歓迎されておらず、宇都宮の商圏を壊すものとして忌避される傾向が強かった。駅が市街中心部を外れ、田川の東側に設けられたのも、そのような背景による。しかし開業後は機関区や貨物駅が設置され、日本で初めて駅弁が販売されるなど、鉄道の町として発展する。現在では駅周辺も市街地化し、留置線跡を再開発した東口も賑わいを見せている。
　現在の駅舎は、東北新幹線建設時の仮駅舎時代も含めると6代目にあたる。宇都宮線に東北新幹線、日光線のほか烏山線の列車も乗り入れ、改札口は人並みが途絶えることはない。なお開業時以来、長らく貨物も取り扱っていたが、昭和46(1971)年に石橋～雀宮間に宇都宮貨物ターミナル駅が開業したことで、貨物駅としての役割は終えている。

宇都宮運転所(昭和38年)
宇都宮駅に隣接して設けられていた車両基地。かつては広大な面積を誇っていたが、現在は縮小され、再開発用の土地になっている。

撮影：吉村光夫

80系電車(昭和35年)
80系電車は宇都宮運転所にも昭和33(1958)年以降配属され、東北本線や日光線の普通、準急などで活躍している。

撮影：伊藤 昭

長距離客車列車(昭和32年)
C11形蒸気機関車が牽引する、上野発盛岡・日光行き125列車。当時は一昼夜を走り通すような長距離普通列車も珍しくなかった。

撮影：伊藤 昭

新幹線建設が進む(昭和52年)
東北新幹線の高架線建設が進む宇都宮駅に、特急「やまばと」とEF58形が牽引する客車列車が顔を合わせる。

撮影：岩堀春夫

古地図探訪
昭和40年／宇都宮駅付近

国鉄駅の西側には、東武宇都宮線の東武宇都宮駅があり、その間を田川が蛇行しながら流れている。

宇都宮市内で歴史の古い場所は、宇都宮二荒山神社と宇都宮城である。明神山の山頂に鎮座する二荒山神社は、下野国一宮としても知られる古社で豊城入彦命を祀っており、宇都宮はこの社の門前町として発達した。この時期(昭和40年)には、栃木県庁とともに宇都宮市役所も、東武駅に近い二荒山神社のそばにあった。現在は、この付近に栃木県警本部や県立図書館があるが、市役所は宇都宮城址公園に近い南側に移転している。この宇都宮城は平安時代以来、宇都宮氏の居城となり、江戸時代には奥平、本多、戸田氏などの城下町として繁栄した。現在は、本丸の一部が復元され、城址公園となっている。

うつのみや

準急「だいや」(昭和35年)
80系で運転されていた上野〜日光間を結ぶ準急「だいや」。そのネーミングは、中禅寺湖から流れ出る大谷川から採られていた。

EF56形電気機関車が牽引(昭和40年)
デッキを持った旧式スタイルのEF56形電気機関車。昭和33(1958)年に宇都宮に転属され、客車列車を牽引している。

準急「日光」(昭和32年)
日光駅で発車を待つ準急「日光」。日光線が電化される前は、キハ55系での運行であった。
撮影:江本康一

電車化された準急「日光」(昭和35年)
昭和34(1959)年以降、「日光」は157系化され、車両のグレードの高さで評判を呼ぶ。当時は日光輸送で東武より国鉄が一歩リードしていた。
撮影:伊藤昭

日光線の普通列車(昭和35年)
宇都宮運転区にもわずかながら旧型国電が配属されていた。クモハ41も4両が所属、日光線などで活躍していた。
撮影:荻原二郎

日光線の普通列車(現在)
現在の日光線は、京葉線から転属してきた205系が平成25(2013)年から運転されている。

日光の駅名標(現在)
国際的観光地・日光への玄関駅ということもあり、駅名標も特別仕様のシックなデザインとなっている。

JR自社製造のリサイクル車両107系(平成23年)
現在は引退したが、日光線では20年以上に渡り107系が活躍した。写真の塗装は日光線全体で進めているレトロ調を意識したもの。

国鉄色で走るキハ40系（平成25年）
今や数少ない国鉄型ディーゼルカー運行路線となった烏山線。一部編成が国鉄色に塗装変更され運行されている。

烏山線カラーのキハ40系（現在）
緑のラインが入った烏山線カラー。烏山線内だけでなく、半数以上の列車が宇都宮駅まで乗り入れている。

烏山線のEV-E301系（現在）
リチウムイオン電池を搭載した蓄電池駆動電車EV-E301系「ACCUM」の試験編成が、烏山線で試験的に運用されている。

国鉄色のキハ40系（現在）
かつてのキハ10系のイメージを踏襲した、朱色とクリームに塗り分けられたキハ40系。烏山線で活躍している。

昭和7年の時刻表（上野～宇都宮間）

当時の上野～宇都宮間の列車には日光行きが多く、宇都宮までの所要時間は約2時間半であった。

63

おかもと・ほうしゃくじ・うじいえ・かますさか

岡本・宝積寺・氏家・蒲須坂

宇都宮～黒磯間の区間列車が中心
ローカル色が増す北関東の各駅

岡本

開業年	明治30(1897)年2月25日
所在地	栃木県宇都宮市下岡本町1986
キロ程	115.7km（東京起点）
駅構造	地上駅
ホーム	2面4線（実質2面2線）
乗車人員	1,896人　*2014年度

宝積寺

開業年	明治32(1899)年10月21日
所在地	栃木県塩谷郡高根沢町大字宝積寺2377
キロ程	121.2km（東京起点）
駅構造	地上駅（橋上駅）
ホーム	2面3線
乗車人員	2,135人　*2014年度

氏家

開業年	明治30(1897)年2月25日
所在地	栃木県さくら市氏家2344
キロ程	127.1km（東京起点）
駅構造	地上駅
ホーム	2面3線
乗車人員	3,025人　*2014年度

蒲須坂

開業年	大正12(1923)年2月11日
所在地	栃木県さくら市蒲須坂698
キロ程	131.6km（東京起点）
駅構造	地上駅
ホーム	2面4線（実質2面2線）
乗車人員	364人　*2014年度

撮影：高橋義雄

鬼怒川橋梁を渡る（昭和57年）
大正8(1919)年に架け替えられたポニーワーレントラスの鬼怒川橋梁を、115系の普通列車が渡る。

　宇都宮市内で最も北に位置する駅が岡本駅である。鬼怒川の右岸に位置し、市街地からは少し離れているが、周囲に工場や病院などが多く新興住宅街の造成も進んでいる。ホームは2面4線だが1・3番線はフェンスで塞がれ、2・4番線だけ使用されている。

　ローカル駅とは思えないモダンデザインの駅舎を持つ宝積寺駅は、烏山線との分岐駅。建築家・隈研吾氏が設計、平成22(2010)年に竣功した新駅舎は、「ブルネル賞」建築部門の奨励賞を受賞するなど高く評価された。烏山線のほか、かつては石油やセメント輸送の専用線も分岐していたが、現在は廃止されている。なお、駅名となった「宝積寺」は地名であり、寺自体は過去に存在したと伝わるものの現存しない。

　氏家駅は、平成17(2005)年に氏家町・喜連川町が合併して誕生した「さくら市」の玄関駅であり、駅前は旧氏家町の市街地にあたる。明治～大正期には駅から喜連川まで、人力の軽便鉄道である喜連川人車軌道が接続していた。

　そして蒲須坂駅はさくら市北部に位置し、岡本駅同様に2面4線のホームのうち2線にフェンスが張られている。駅周辺に人家は少なく、1日あたりの乗車人員は364人(2014年)と、宇都宮線の駅では最も利用者が少ない。

岡本駅（現在）
宇都宮市で最も北に位置する駅。宇都宮線だけでなく烏山線の列車も停車する。

宝積寺駅（現在）
烏山線が分岐する宝積寺駅の新駅舎。日本を代表する建築家によって設計され、高い注目を集めている。

氏家駅（現在）
木造駅舎が現役の氏家駅。ホームには明治42（1909）年築の赤レンガ造のランプ小屋が残る。

蒲須坂駅（現在）
前面がガラス張りの現在の駅舎は、昭和45（1970）年に建てられた旧国鉄らしいモダンなデザイン

氏家駅の貨物列車（昭和58年）
かつてはセメント包装所への専用線が分岐し、セメント輸送が行なわれていた氏家駅。貨物輸送は平成8（1996）年に廃止された。
撮影：岩堀春夫

急行「まつしま」（昭和42年）
蒲須坂駅を通過する急行「まつしま」。上野〜仙台間に5時間以上を要していたが、最大13両編成という高い輸送力は重宝されていた。

蒲須坂駅付近を通過する荷物列車（昭和45年）
隅田川貨物駅を発着する荷物列車は1日数往復運転され、青森や秋田とを結んでいた。
撮影：小川峯生

かたおか・やいた

片岡・矢板

ツツジ咲く駅として有名な片岡駅
今もコンテナ輸送の拠点である矢板駅

片岡

開業年	明治30(1897)年6月5日
所在地	栃木県矢板市片岡2099
キロ程	135.5km(東京起点)
駅構造	地上駅(橋上駅)
ホーム	2面3線(実質2面2線)
乗車人員	718人 *2014年度

矢板

開業年	明治19(1886)年10月1日
所在地	栃木県矢板市扇町1-1-1
キロ程	141.8km(東京起点)
駅構造	地上駅
ホーム	2面3線
乗車人員	2,897人 *2014年度

撮影：荻原二郎

矢板駅（昭和46年）
優等列車が数多く発着していた頃の矢板駅。小さな駅舎ながら駅務室や待合室が設けられており、活気があった。

矢板駅（現在）
駅舎は以前とほとんど変わっていないが、ロータリーに面した外壁の窓が塞がれている。

片岡駅（現在）
平成27(2015)年3月に竣功したばかりの片岡駅新駅舎。橋上駅として生まれ変わり利便性は向上している。

　"ツツジの駅"として親しまれる片岡駅は、明治30(1897)年の開業。矢板市は八方ヶ原や長峰公園など市内にツツジの名所が多く、片岡駅も構内や駅前などに数十本のツツジが植樹されている。1990年代に首都機能移転構想が持ち上がった際には、東北新幹線との交差地点に近い片岡駅に新幹線駅を作る構想もあったが実現せず、長らく小さな木造駅舎が使われてきた。しかし平成27(2015)年3月にようやく橋上駅舎が竣功し、地元の念願だった東西自由通路も設けられた。駅舎は矢板市の北西部に聳える高原山の山並みをイメージしている。なおホーム上には、駅が開設された明治30(1897)年築の赤レンガのランプ小屋が残されている。

　昭和9(1934)年に建てられた瀟洒な木造駅舎が健在の矢板駅は、矢板市役所にほど近い市の玄関駅であり、かつては優等列車も停車していた。また、昭和4(1929)～34(1959)年にかけて東武鉄道矢板線(旧下野電気鉄道)が接続、当駅と東武鬼怒川線の新高徳間が結ばれていた。

　そのほか貨物の専用線も分岐し、近年までセメント輸送などが行われていた。現在は貨物列車の発着はないものの、貨物駅がそのまま矢板オフレールステーションとして利用され、トラックによりコンテナの輸送が行われている。

東武矢板線

栃木県内にはかつて多くの中小私鉄路線が存在したが、その代表格が東武矢板線である。前身は下野電気鉄道という、現在の東武鬼怒川線を開業させた鉄道会社であり、昭和4(1929)年に矢板～新高徳間23.5kmを全通させている。以後、東武線に乗り入れて下今市～矢板間で直通運転を行なっていた。昭和18(1943)年に東武鉄道により買収され東武矢板線となるも、特急が走る幹線ルートとなった鬼怒川線と違い、矢板線はベイヤー・ピーコック社製の蒸気機関車が細々と貨客を運び続け、最後まで電化されることはなかった。そして昭和34(1959)年に全線が廃止されている。

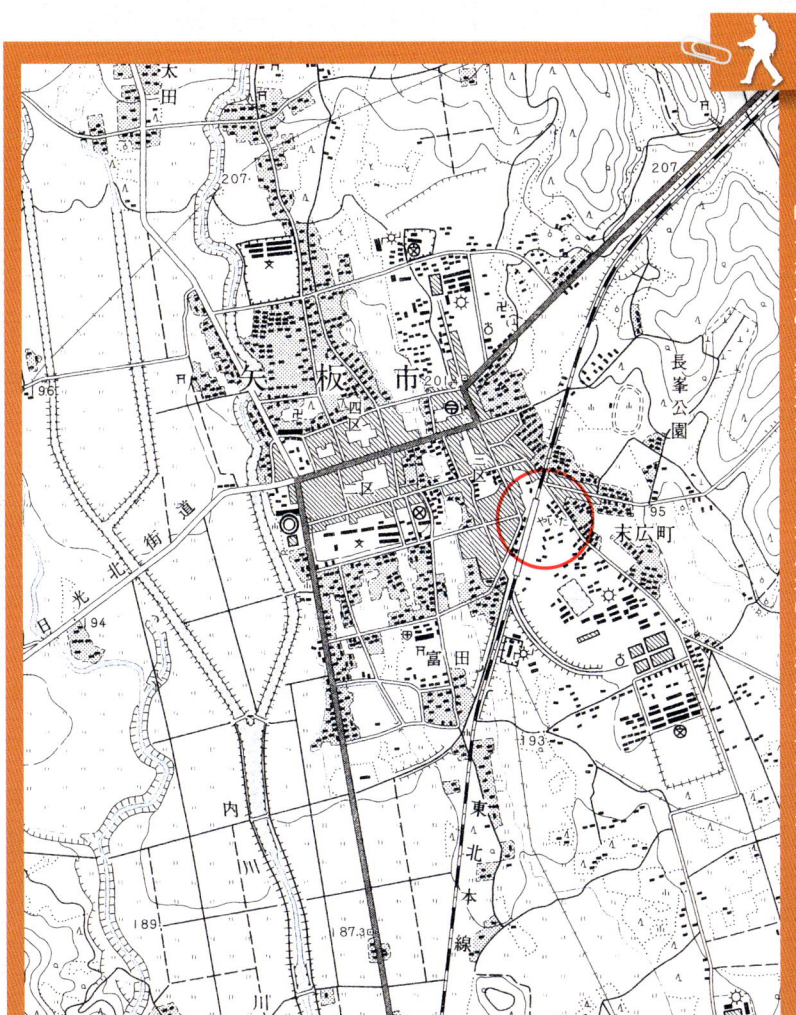

イギリス、ピーコック社製機関車の牽引で混合列車が運行されていた。
撮影：吉村光夫

古地図探訪
昭和40年／矢板駅付近

昭和40(1965)年の矢板駅周辺の地図である。既に東北本線の単独駅となっているが、昭和34(1959)年までは下野電気鉄道から変わった東武矢板線が東武鬼怒川線の新高徳駅との間を結んでおり、連絡駅となっていた。この路線跡は道路などに変わっており、矢板駅の西側から伸びる日光北街道（国道461号）とほぼ同じルートとなっている。

東北本線の西側を流れるのは内川である。この川は、地図上に見える中川などいくつかの川を集めながら矢板市内を南に流れ、さくら市内で荒川と合流する。この川と東北本線の線路に挟まれた形で、栃木県道30号が那須塩原市方面まで伸びている。

県道30号と国道461号の交差点付近に矢板市役所がある。また、その東側には矢板小学校が見えるが、現在は西側に矢板市文化会館や市立図書館が誕生している。一方、駅の北東には長峯（峰）公園が存在する。日本の都市公園100選にも選ばれたツツジの名所であり、桜の花見が楽しめる場所でもある。

のざき・にしなすの
野崎・西那須野

工業団地の従業員の利用が多い野崎駅
那須地方の玄関駅だった西那須野駅

野崎

開業年	明治30(1897)年2月25日
所在地	栃木県大田原市薄葉2233
キロ程	146.6km(東京起点)
駅構造	地上駅
ホーム	2面3線(実質2面2線)
乗車人員	1,223人 *2014年度

西那須野

開業年	明治19(1886)年10月1日
所在地	栃木県那須塩原市永田町1-1
キロ程	151.8km(東京起点)
駅構造	地上駅(橋上駅)
ホーム	2面3線(実質2面2線)
乗車人員	3,561人 *2014年度

西那須野駅(昭和45年頃) 提供:那須野が原博物館
東北新幹線開業前、西那須野駅は那須や塩原などの温泉街への玄関口であり、駅前では多くのタクシーが客待ちしていた。

西那須野駅ホーム(昭和41年) 撮影:荻原二郎
急行「まつしま」が入線している西那須野駅ホーム。乗り換え案内には、塩原温泉とともに、まだ運行されていた東野鉄道が記されている。

西那須野駅東口(現在)
駅舎とは反対側の東口にもロータリーがある。かつて東野鉄道が接続していたが、当時の面影は全く残っていない。

西那須野駅(現在)
駅の真上を新幹線の高架線が通過し、一見すると新幹線駅のようだが、新幹線は隣の那須塩原駅に停車する。

　大田原市内で唯一の鉄道駅が野崎駅である。しかし、駅は市の西端に位置し、市街中心部へは隣の西那須野の方が近い。日本鉄道時代の明治30(1897)年に、近隣住民の強い請願によって誕生した駅であり、駅前広場には駅開設当時の記念碑や、平成9(1997)年に建立された駅開設百周年記念碑が立つ。また、駅舎やホームに残る赤レンガ造のランプ小屋も、駅開設当時に建てられたもの。なお、駅前広場の銅像は、地元・那須出身といわれる『平家物語』の英雄・那須与一である。駅の利用者は決して多くはないが、野崎工業団地の最寄り駅であり、駅前ロータリーには従業員用の送迎バスも発着している。

　西那須野駅は日本鉄道が黒磯まで延伸された明治19(1886)年の開業で、当時の駅名は「那須」。その名の通り、那須地方の中心駅として発展し、かつては那須軌道や塩原電車、東野鉄道などの地方私鉄も接続していた。那須・塩原の温泉エリアへの玄関口であり、優等列車も数多く停車していたが、東北新幹線開業にあたり隣の東那須野駅(新幹線開業時に那須塩原駅と改称)が接続駅となったことで、ローカル駅となった。

　しかし、昭和40年代まで東野鉄道が通じていた大田原市は、当駅が事実上の玄関駅であり、現在も学生を中心に利用者は比較的多い。

箒川橋梁を渡る快速列車（昭和31年）
箒川橋梁は矢板〜野崎間にある。明治32(1899)年に台風による列車転落事故が起き、死者19名の大惨事となったことで知られる。

急行「青葉」（昭和33年）
西那須野駅に入線する、上野〜仙台・秋田間を結んだ急行「青葉」。C59形が砂を撒きながら走っている様子が確認できる。

野崎駅付近を走る客車列車（昭和45年）
前面のデッキにスノープラウ取り付け台を装備したEF57形電気機関車。無骨なスタイルは鉄道ファンの憧れだった。

野崎駅ホーム（現在）
野崎駅に停車する普通列車。一部の上野方面直通列車をのぞき、宇都宮〜黒磯間は205系の普通列車で運行されている。

野崎駅（現在）
明治29(1896)年築と非常に古い駅舎が残る野崎駅。駅前ロータリーは美しく整備されている。

東野鉄道

　かつて西那須野駅から分岐していたローカル私鉄が東野鉄道である。西那須野から遥か茨城県の大子までの免許を得て、大正7(1918)年に大田原町（現・大田原市）の黒羽まで、大正13(1924)年には那須小川まで路線を開通させた。しかし大子までは不可能であり、昭和14(1939)年に黒羽〜那須小川間が廃止されている。戦後は大田原〜西那須野間の貨客の輸送に徹していたが、昭和43(1968)年には残る区間も廃止された。ただし会社自体は東野交通の名前で存続し、バスやロープウェイ事業などを行なっている。

客車列車のほか、ディーゼルカーも運行されていた。（昭和20年頃）

なすしおばら・くろいそ

那須塩原・黒磯

新幹線の停車駅である那須塩原駅
「宇都宮線」の北端駅・黒磯

那須塩原

開業年	明治31(1898)年11月28日
所在地	栃木県那須塩原市大原間555
キロ程	157.8km（東京起点）
駅構造	地上駅
ホーム	2面3線、新幹線2面3線
乗車人員	5,069人　*2014年度

黒磯

開業年	明治19(1886)年12月1日
所在地	栃木県那須塩原市本町1-1
キロ程	163.3km（東京起点）
駅構造	地上駅
ホーム	3面5線
乗車人員	2,294人　*2014年度

黒磯駅（昭和42年）
新幹線開業以前の黒磯駅は、瀟洒な駅舎を持っていた。駅前の賑わいぶりが往時を物語る。

撮影：荻原二郎

特急「つばさ」（昭和46年）
黒磯駅を発車した特急「つばさ」。奥羽本線が全線電化される前であり、昭和40年代後半はキハ181系で運行されていた。

黒磯駅（現在）
新幹線駅並みに横に長い駅舎を持つが、乗客が立ち入れるのは中央部のみ。駅前ロータリーからは那須湯本方面へのバスが発着する。

撮影：荻原二郎

　那須・塩原温泉郷への玄関駅である那須塩原駅の旧駅名は東那須野。普通列車しか停まらない小駅であったが、東北新幹線の接続駅となったことで改称された。もともと新幹線計画段階では「新那須」という駅名になる予定であったが、様々な地域事情により、2つの温泉地名を列記する変わった駅名となったのである。
　しかし平成17（2005年）に黒磯市と西那須野町、塩原町が合併して那須塩原市が誕生、ようやく正式な地名となった。駅舎は新幹線開業に合わせ、近代的な橋上駅に改築されており、2階コンコースからは那須連山や黒滝連山、高原山などの山並みが一望できる。

　そして黒磯は、北関東随一の鉄道の町。蒸気機関車時代には機関区が置かれ、電化後も当駅以北が交流、以南が直流と電化方式が異なったため機関車の付け替えで賑わった。本来の位置づけでは東北本線の途中駅に過ぎないものの、終着駅の雰囲気が漂い、「宇都宮線」の愛称で呼ばれるのも当駅までである。
　平成22（2010）年12月のダイヤ改正で、黒磯始発・終着だった特急「おはようとちぎ」「ホームタウンとちぎ」が廃止され、現在では首都圏へ直通する列車の本数もわずかしかない。しかし今でも那須方面への玄関駅として機能しており、週末には行楽客の姿も見られる。

那須塩原駅（現在）
ローカル駅から新幹線駅へと見事な転身を遂げた那須塩原駅。那須地方への観光客で一年を通して賑わっている。

黒磯駅前（昭和戦前期）
那須方面への玄関口として、また鉄道の町として発展した黒磯の町並み。駅前には旅館や土産物店が建ち並んでいた。

黒磯駅構内を走る116列車（昭和35年）
機関車の後ろに荷物車を2両連結した116列車。青森発上野行き普通列車であり、ほぼ丸一日かけて運行されていた。

黒磯駅の駅弁立ち売り（昭和52年）
列車の窓が開いた時代、ホームでの駅弁立ち売りは見慣れた光景だった。現在は黒磯駅の駅弁業者もすでに撤退している。

新幹線工事中の東那須野駅（昭和50年代後半）
すでに新幹線の高架線が姿を現し、着々と工事が進む東那須野駅（現在）。旧駅舎と高架線が写っている貴重な写真である。

特急「はつかり」（昭和55年）
すでに新幹線の高架線が完成している黒磯駅を、583系で運行されていた青森行き特急「はつかり」が通過する。

急行「八甲田」（昭和45年）
EF57形電気機関車に牽引される急行「八甲田」。朝日を浴びながら、黒磯付近を上野へと向かう。

みやはら

宮原

普通列車しか停まらない駅ながら
利用客の多いさいたま市北部の駅

開業年	昭和23(1948)年7月15日
所在地	埼玉県さいたま市北区宮原町3-518
キロ程	4.0km(大宮起点)
駅構造	地上駅(橋上駅)
ホーム	2面4線
乗車人員	22,985人　*2014年度

宮原駅(昭和46年)
木造駅舎のころの宮原駅。大宮市街に近いこともあって、すでに駅周辺は宅地化が進んでいる。

提供：さいたま市

宮原駅東口(現在)
開業以来の正面である東口。普通列車しか停まらない駅ながら利用者が多く、駅前も賑わっている。

宮原駅西口(現在)
昭和41(1966)年の橋上駅化に際して設けられた西口。東口に比べると商業施設は少ないが利用者は多い。

　宮原駅は第2次世界大戦後の昭和23(1948)年に開設された、歴史のある高崎線では新しい駅である。しかし、地元住民の駅開設を願う声は古くからあり、明治30年代前半から陳情が続けられていた。明治41(1908)年には加茂宮信号所(後に信号場となる)が設置されるが、昭和に入り信号場を駅へ昇格させようとの声が高まる。こうして半世紀に渡る運動が実り、加茂宮信号場が宮原駅へと生まれ変わったのである。駅東口には、日本最大のタクシー・ハイヤー会社である日本交通の創業者で、宮原駅開設に尽力した川鍋秋蔵の胸像が建てられている。

　駅はさいたま市郊外の住宅街のただ中にあり、埼玉新都市交通ニューシャトルの東宮原駅とは約800mほど離れている。ホームは2面4線構造で、特急や快速、貨物列車などの待避が行なわれることもある。住宅街の発展に合わせて駅の利用者も増え続けており、現在の1日あたりの乗車人員は約23,000人と、桶川駅に迫る勢いであり、高崎線内の普通列車しか停まらない駅では最も多い。また大宮〜宮原間に複々線用の土地が確保されていたことから、地元では京浜東北線や埼京線の延伸を要望する声もあったが、現時点で実現の見込みは立っていない。

大宮～宮原間をゆくEF55形電気機関車（昭和28年）
"ムーミン"の愛称で親しまれ、長らく動態保存されていたEF55形電気機関車の現役時代の雄姿。現在は鉄道博物館で保存・展示されている。

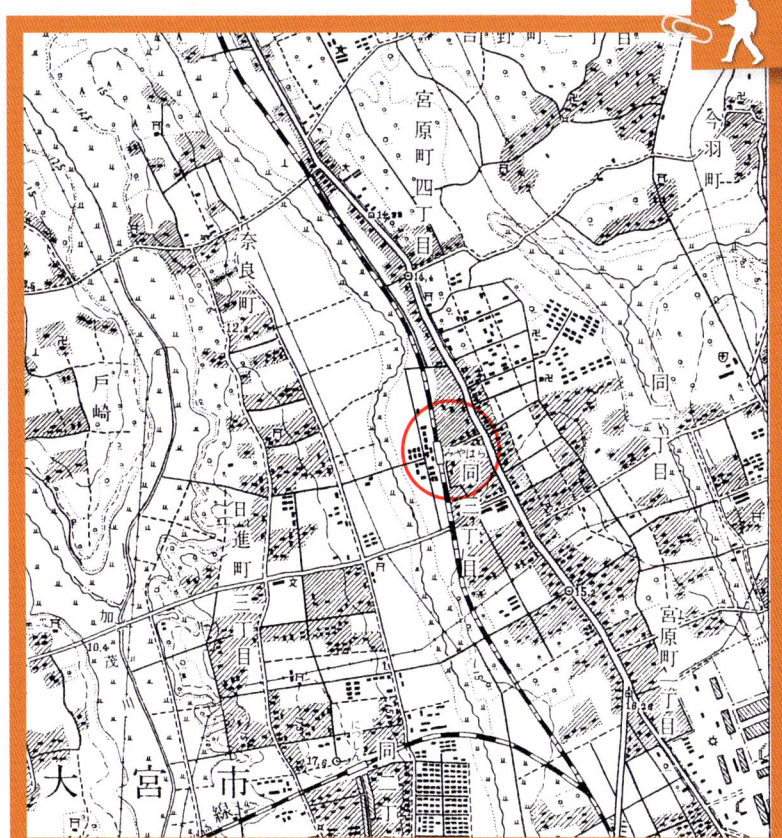

古地図探訪
昭和31年／宮原駅付近

　大宮駅を出た高崎線は北西に進む。川越線との分岐点を過ぎ、最初に到着するのが宮原駅である。地図の下方、川越線上に存在するのは日進駅で、連絡が十分可能な距離にある。この当時の広い道路は、東北本線に寄り添うように走る旧中山道しか見えないが、現在はその東に中山道（国道17号）が誕生し、宮原駅の北側では、新大宮バイパス（国道16号）が高崎線の線路と交差している。

　宮原駅の西側には目立つ建物は少なく、「日進町三丁目」の文字付近に、「文」の地図記号、さいたま市立日進北小学校が存在する。この学校は、昭和26（1951）年の開校である。この後、西側を流れる「加茂川」の文字がある付近（上尾市戸崎）には、聖学院大学の上尾キャンパスが誕生している。一方、宮原駅の東側に見える2つの「卍」の地図記号のひとつが、真言宗智山派の寺院、吉祥院である。

あげお・きたあげお

上尾・北上尾

日本鉄道開業、明治16年に上尾駅誕生
昭和63年の北上尾駅誕生で駅間が短縮

上尾

開 業 年	明治16(1883)年7月28日
所 在 地	埼玉県上尾市柏座1-1-18
キ ロ 程	8.2km(大宮起点)
駅 構 造	地上駅(橋上駅)
ホ ー ム	2面3線
乗車人員	41,168人　*2014年度

北上尾

開 業 年	昭和63(1988)年12月17日
所 在 地	埼玉県上尾市原新町3-1
キ ロ 程	9.9km(大宮起点)
駅 構 造	地上駅(橋上駅)
ホ ー ム	2面2線
乗車人員	14,962人　*2014年度

上尾駅（昭和63年）
昭和44(1969)年に橋上駅に生まれ変わるまで使われていた木造駅舎。現在の東口に建ち、この小さな駅舎で大勢の乗客をさばいていた。

提供：上尾市

上尾駅東口（現在）
駅前広場のペデストリアンデッキは駅出入口に直結し、東西出入口も自由通路で結ばれている。

特急「あかぎ」（現在）
上野～前橋間を結ぶ特急「あかぎ」。平成26(2014)年以降、もと「スーパーひたち」の651系で運行されている。

　上尾市内の高崎線には上尾と北上尾の2つの駅がある。上尾駅は明治16(1883)年の開業、一方の北上尾駅は昭和63(1988)年の誕生で、両駅の歴史には一世紀以上の隔たりがある。この両駅のある上尾市は、中山道の上尾宿から発展し、昭和33(1958)年に市制が敷かれ、現在は人口約22万人の都市となっている。

　上尾駅は日本鉄道の開業以来の古参駅で、高崎線内で最も古い駅のひとつである。当時は宮原、与野駅などだけではなく、大宮駅も存在せず、東京側の隣駅は浦和駅だった。上尾駅の駅舎は戦前、戦後の改築をへて、現在は広い東西自由通路のある、橋上駅舎を有する駅となっている。この自由通路は東西の駅前広場にあるペデストリアン・デッキと直結しており、平成22(2010)年には駅ナカ店舗「E'site上尾」も誕生している。

　上尾～桶川間に昭和63(1988)年12月、北上尾駅が誕生したことで、この区間の駅間の距離はかなり短くなった。上尾～北上尾間は1.7キロ、北上尾～桶川間は1.9キロである。この北上尾駅の南西には、隣接する形で埼玉県立上尾高校がある。上尾高校は昭和33(1958)年に開校しており、甲子園で開かれる野球大会にも数度出場し、多くのプロ野球選手を輩出している。

上尾駅西口（現在）
東口と同様に広いロータリーを持つ。また広場に面して上尾市役所上尾駅出張所がある。

北上尾駅の開業（昭和63年）
地元の熱心な陳情によって開設された北上尾駅だが、賛否をめぐって問題が多発し、社会問題ともなった。

北上尾駅西口（現在）
駅に隣接して県立上尾高校が建つ。駅前広場は平成19（2007）年に整備され、エレベーターも設置された。

北上尾駅東口（現在）
東口側も駅前周辺はさほど市街地化が進んでいないが、少し先にショッピングモール「PAPA上尾ショッピングアヴェニュー」がある。

古地図探訪
昭和31年／上尾駅付近

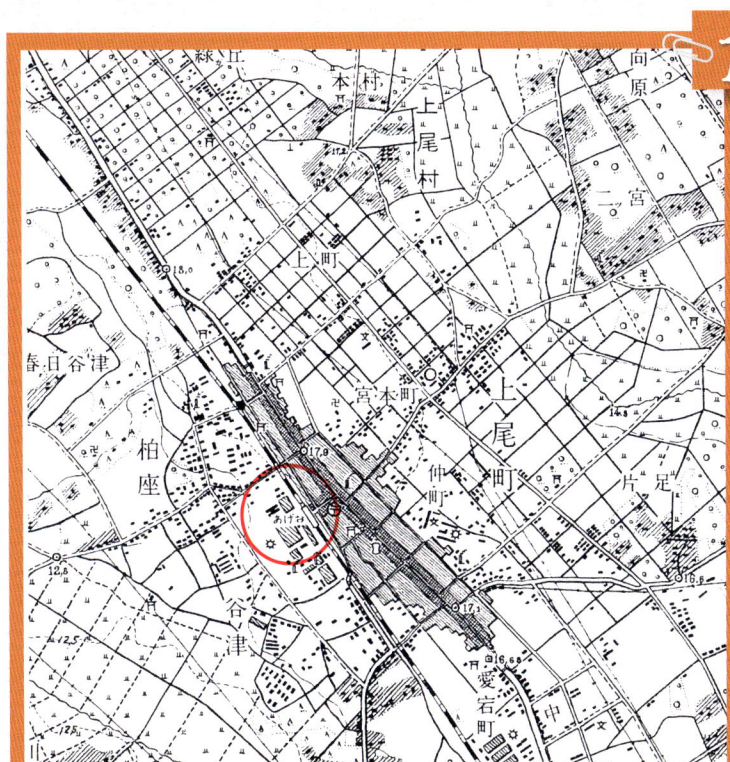

　昭和31（1956）年、上尾駅周辺の地図である。この頃は、昭和33（1958）年に市制が施行される前の上尾町であったが、地図の上方には「上尾村」の文字が見える。これは、現在も残る大字名であり、市内には「上尾宿」の大字もある。上尾駅付近では、東北線と旧中山道との距離がかなり近いことがわかる。その東側には、上尾町役場の地図記号が見えるが、現在は上尾市役所の庁舎に変わり、駅前からは市役所通りが伸びて、中山道（国道17号）と交わっている。

　駅の東側には、上尾郵便局があったが、現在は線路の反対側、駅の南に移転している。郵便局の地図記号の南東にある「鳥居」マークは、氷川鍬（くわ）神社である。この神社は、「お鍬さま」として信仰を集めてきた上尾宿の鎮守で、江戸時代初期に鍬2本をご神体として、本陣前に創建されたと伝わっている。

おけがわ・きたもと

桶川・北本

桶川駅西に平成19年、さいたま文学館
北本駅は大正7年誕生の本宿信号所から

桶川

開業年	明治18(1885)年3月1日
所在地	埼玉県桶川市南1-1-1
キロ程	11.8km(大宮起点)
駅構造	地上駅(橋上駅)
ホーム	2面3線
乗車人員	26,161人　*2014年度

北本

開業年	大正7(1918)年8月16日
所在地	埼玉県北本市北本1-12
キロ程	16.4km(大宮起点)
駅構造	地上駅(橋上駅)
ホーム	2面3線
乗車人員	19,331人　*2014年度

客車列車(昭和28年)
北本宿～桶川を通過する、上野発長野行き325列車。高崎駅で切り離す小山行き631列車も併結していた。
撮影:伊藤 昭

北本駅(昭和40年)
駅が「北本宿」と呼ばれていたころからの木造駅舎。現在の駅名に改称されたのは昭和36(1961)年のことである。
撮影:荻原二郎

貨物列車(昭和28年)
北本宿～桶川間を通過する貨物列車。当時はまだ、周囲に民家らしきものが見当たらない。
撮影:伊藤 昭

桶川駅東口(現在)
宿場町に面し、昔から駅舎が置かれていた東口。駅前は狭く雑然としていて、ロータリーも整備されていない。

桶川駅西口(現在)
橋上駅化された際に設けられた西口には広いロータリーが整備され、東口とは全く異なる駅前風景が広がっている。

　平成9(1997)年に開館した「さいたま文学館」の最寄り駅となっているのが、桶川駅である。この文学館は駅西口公園に隣接し、駅から至近距離にある。
　桶川駅の開業は、日本鉄道時代の東北本線が開業した2年後、明治18(1885)年であるが、それ以前から、中山道には江戸から数えて6番目の宿場となる桶川宿が置かれていた。この桶川宿は、日本橋から約40キロ離れた位置にあり、旅人が一日で歩く道程であったことから、大名をはじめ、多くの人が利用した。幕末には、皇女和宮も桶川宿の府川本陣に宿泊している。
　この桶川宿と大谷領町谷村、上日出谷村、下日出谷村が合併し、明治22(1889)年に桶川町が成立した。現在のような桶川市が誕生するのは、昭和45(1970)年のことである。この桶川市の玄関口である桶川駅には、橋上駅舎があり、東口と西口が開かれている。
　次の北本駅は、大正7(1918)年に本宿信号所が誕生し、本宿信号場を経て昭和3(1928)年8月に北本宿駅となった。当時、この駅は中丸村にあったが、昭和18(1943)年に合併による北本宿村が誕生し、昭和34(1959)年に北本町となったことで2年後の昭和36(1961)年3月、北本駅に駅名を改称した。その後、昭和46(1971)年に市制が施行され、北本市が誕生した。

国鉄時代の懐かしい切符

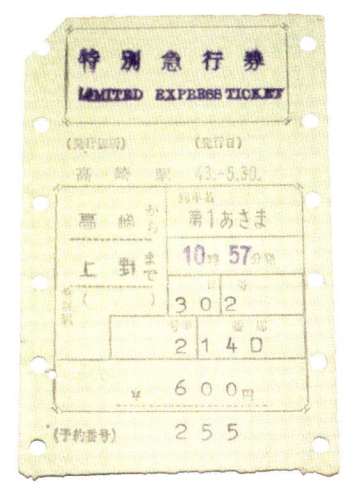

高崎から上野まで、特急「第1あさま」の特急券

今の表現なら「山手線内」行きの切符

田端発、10円区間の2等切符

熊谷駅発、300キロまでの急行券

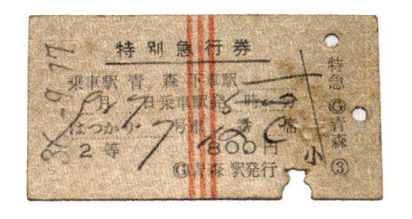

青森発、特急「はつかり」の2等特急券

北本駅東口（現在）
開設当時からの表玄関。かつての街道筋の町並みに近く、橋上駅となった今も賑わいが絶えない。

北本駅西口（現在）
橋上駅となったことで設けられた新しい出入口。近年になって駅前広場が改修され、東口と遜色ない雰囲気になった。

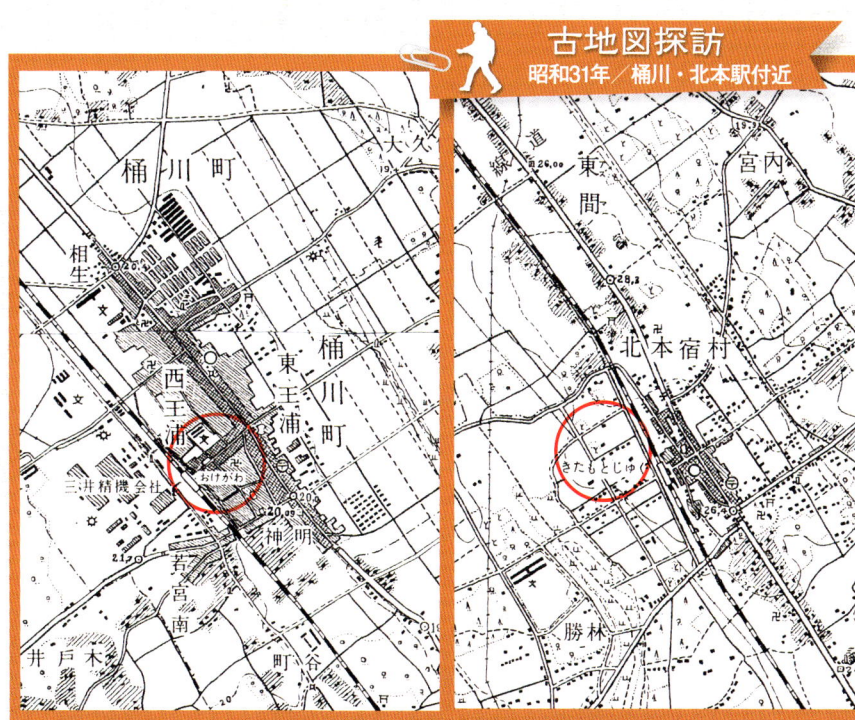

古地図探訪
昭和31年／桶川・北本駅付近

桶川駅の周辺はこの当時、桶川町であり、市街地は駅の東側、旧中山道沿いに広がっていた。現在はその東側に国道17号（中山道）が開通している。駅の北側には、町役場の地図記号が見えるが、その後、誕生した桶川市の市役所は駅から離れた北西（上日出谷）にある。この時期、駅の西側には三井精機会社の工場敷地が広がっている。西口付近は再開発されて、工場は移転し、駅西口公園、さいたま文学館などが誕生している。一方、この当時、現在の北本駅周辺は北本宿村で、駅名も北本宿駅だった。駅の南東に見えるのが現在の北本市立北本中学校である。この当時、村役場の地図記号は駅の東側に見えるが、現在は北本市役所となって、この学校の南側に移転し、隣接して市立中央図書館が誕生している。村役場の東側には、本宿天神社と多聞寺の地図記号が見える。

77

こうのす・きたこうのす

鴻巣・北鴻巣

ひな人形産地・鴻巣に鴻巣、北鴻巣駅
鴻巣駅は明治時代、北鴻巣駅は昭和に開業

鴻巣
開業年	明治16(1883)年7月28日
所在地	埼玉県鴻巣市本町1-1-1
キロ程	20.0km(大宮起点)
駅構造	地上駅(橋上駅)
ホーム	2面3線
乗車人員	19,709人 *2014年度

北鴻巣
開業年	昭和59(1984)年11月3日
所在地	埼玉県鴻巣市赤見台1-5-1
キロ程	24.3km(大宮起点)
駅構造	地上駅(橋上駅)
ホーム	1面2線
乗車人員	7,524人 *2014年度

撮影：荻原二郎

鴻巣駅(昭和46年)
昭和57(1982)年に橋上駅化されるまで、東口側に構えていた駅舎。改札口は上りホームに直結していた。

鴻巣駅東口(現在)
かつて運行されていた「ホームライナー鴻巣」の終着駅であった鴻巣駅。東口には駅ビル「elumiこうのす」が直結する。

鴻巣駅西口(現在)
再開発が続き市街地化が進む東口側に比べ、橋上駅になって新しく設けられた西口は落ち着いた雰囲気が広がる。

　明治16(1883)年、日本鉄道時代に開業した高崎線の主要駅のひとつが鴻巣駅である。この鴻巣市は、ひな人形の産地として全国的にも知られており、中山道の宿場町として発展した。中山道第七の宿場であるが、江戸時代初期までは南側の北本市内に元の鴻巣宿が存在した。この古い宿場は「本宿村」から「北本宿」となり、「市宿新田」と呼ばれた新しい宿場が現在の鴻巣(市)になってゆく。明治22(1889)年に鴻巣町が誕生し、昭和29(1954)年に鴻巣市に変わっている。その後、吹上町と川里町を編入し、現在は人口約12万人の都市となっている。

　鴻巣駅は昭和57(1982)年に橋上駅舎となっている。駅の東口はその後の再開発により、北側に再開発ビル「elumi鴻巣」が誕生した。駅とロータリーとはペデストリアン・デッキで結ばれている。
　次の北鴻巣駅は昭和59(1984)年11月に開業した新しい駅で、当初は東口だけだったが、平成20(2008)年12月に西口が誕生した。「さいたま」の語源となった、さきたま古墳群はこの駅の北側にあり、行田市内にあるさきたま古墳公園、さきたま史跡の博物館までは、武蔵水路に沿って、さきたま緑道が整備されている。

高崎線を走るSLの勇姿（昭和26年）

長野発上野行き322列車を、C57形蒸気機関車が牽引する。手前の踏切には遮断機も警報器もない。（熊谷～吹上間）

撮影：伊藤 昭

北鴻巣駅西口（現在）
開設当時から橋上駅であったが、長らく東口しかなく、平成20（2008）年になってようやく西口が設けられている。

北鴻巣駅東口（現在）
国鉄末期に開業した駅であり、今となってはややレトロな外観の東口駅舎。

北鴻巣駅ホームを眺める（現在）
開業当時は駅周辺にも田園風景が広がっていたが、今では見渡すかぎりの住宅街となっている。

古地図探訪
昭和31年／鴻巣駅付近

高崎線の北東をほぼ平行するように国道17号（中山道）が走り、この鴻巣駅の北、現在の神明町交差点付近ではその距離はかなり接近する。一方、南西には荒川の流れがあるが、こちらとは少し距離が離れている。駅の東、地図上で「鴻巣市」の文字が見える付近には、鴻巣市役所がある。市制が敷かれたのは昭和29（1954）年であり、この地図が作成される直前のことである。市庁舎を取り囲むような形で、現在は市立総合体育館、陸上競技場、鴻巣中央小学校、鴻巣准看護学校、せせらぎ公園などが存在している。その南に見える勝願寺との間にも、鴻巣中学校、鴻巣女子高校、鴻巣東小学校などが誕生している。

駅の南東、線路沿いの本町8丁目に存在するのが浄土宗の古刹、勝願寺である。創建は鎌倉時代で、関東十八檀林のひとつとして、かつては多くの末寺もあったという。この寺には、関東郡代（代官頭）だった伊奈忠次・忠治の墓が残されている。

ふきあげ・ぎょうだ

吹上・行田

吹上には馬車鉄道との連絡駅の歴史あり
昭和41年、行田駅は市の新しい玄関口に

吹上

開業年	明治18(1885)年3月1日
所在地	埼玉県鴻巣市吹上本町1-1-1
キロ程	27.3km(大宮起点)
駅構造	地上駅(橋上駅)
ホーム	2面3線
乗車人員	9,164人　*2014年度

行田

開業年	昭和41(1966)年7月1日
所在地	埼玉県行田市壱里山町12-1
キロ程	29.6km(大宮起点)
駅構造	地上駅(橋上駅)
ホーム	1面2線
乗車人員	6,776人　*2014年度

吹上駅(昭和26年)
蒸気機関車が牽引する旅客列車が到着している。手前のホームの駅長室の前には、体重計のような重量計が置かれている。

撮影：伊藤 昭

吹上駅南口(現在)
閑静な住宅街が広がる南口周辺。人通りは少なく、ロータリーで客待ちをするタクシーの姿もあまり見かけない。

吹上駅北口(現在)
かつての宿場町に近く、従来からの市街地への玄関口が北口。広場やロータリーが整備され、観光案内図も掲示されている。

　吹上駅は、明治18(1885)年の開業で、明治34(1901)年から大正11(1922)年にかけては、忍(行田)馬車鉄道との接続駅だった。この馬車鉄道は、高崎線と行田市の中心部を結ぶ路線だったが、熊谷駅と羽生駅を結ぶ北武鉄道(現・秩父鉄道秩父本線)が開業し、行田(現・行田市)駅などが開業したことで、廃止された。また、この吹上駅からは関東菱油吹上油槽所への専用線が設けられていたが、平成14(2002)年に廃止されている。

　行田駅は昭和41(1966)年7月に開業した比較的新しい駅である。駅の所在地は現在、行田市壱里山町であるが、鴻巣市と熊谷市に囲まれた形となっている。この地はかつて太井村で、長く行田市内には国鉄の駅はなかった。一方で、秩父鉄道には行田駅が存在し、行田市の玄関口となっていた。昭和30(1955)年、太井村の一部が行田市に編入され、市内に国鉄駅の誕生が検討されたことで、この駅が開業した。その際、秩父鉄道の行田駅は、行田市駅に駅名を改称している。

　この行田市は足袋の生産地として有名だが、忍城の城下町としても知られる。明治22(1889)年に誕生した忍町は、昭和24(1949)年に市制が敷かれ、行田市となるまで存在した。また、市内にはさきたま古墳群もあり、「埼玉県」の地名の発祥地とされる。

行田の足袋工場（昭和戦前期）

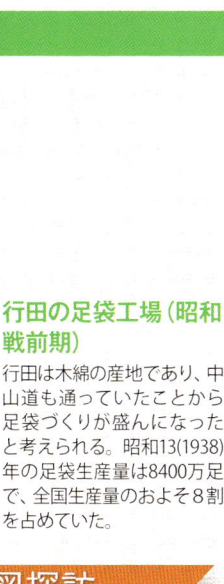

行田は木綿の産地であり、中山道も通っていたことから足袋づくりが盛んになったと考えられる。昭和13(1938)年の足袋生産量は8400万足で、全国生産量のおよそ8割を占めていた。

行田駅東口（現在）

行田市は、さきたま古墳公園や忍城などのある観光地。東口には観光案内所があり、見どころへのバスも発着する。

行田駅西口（現在）

行田市の中心部は秩父鉄道の行田市駅周辺にあたり、当駅からは離れているため、駅周辺に賑わいは見られない。

行田駅ホーム（現在）

駅は行田市の西へ突き出た位置にあり、駅からすぐ熊谷寄りでは熊谷市、大宮寄りでは鴻巣市になる。

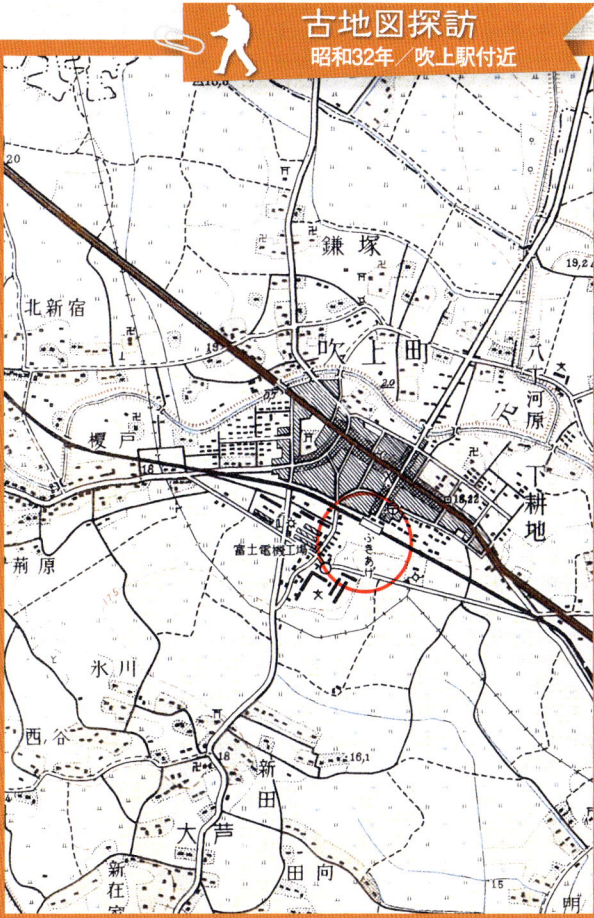

古地図探訪　昭和32年／吹上駅付近

吹上駅の北東側には元荒川とその支流が流れ、中山道（国道17号）が通っている。この時期はまだ市街地が少なく、ほとんどが農地となっている。この吹上は江戸時代、当初は正式な中山道の宿場町ではなかったが、熊谷宿と鴻巣宿の距離が長いこともあって間の宿となり、八王子千人同心が日光に向かう「千人同心街道」が開かれたことで、正式な吹上宿となった。この千人同心街道の一部が現在の埼玉県道66号で南西側から伸びて、駅付近を通り北東に向かう。

駅の南西には富士電気吹上工場があり、広大な用地の一部が現在は富士電気機器制御吹上工場となっている。この南側には吹上町役場の地図記号が見え、現在は鴻巣市役所支所に変わり、吹上図書館も存在する。また、隣接して現・鴻巣市立吹上小学校もある。

81

くまがや

熊谷

秩父鉄道が東西に路線を延ばす
関東平野中央部で最大のターミナル

開業年	明治16(1883)年7月28日
所在地	埼玉県熊谷市筑波2－112
キロ程	34.4km(大宮起点)
駅構造	地上駅(橋上駅)
ホーム	2面4線新幹線2面3線
乗車人員	30,432人　*2014年度

熊谷駅（昭和46年）
旧国鉄らしい重厚な駅舎は昭和38(1963)年に改築されたもの。駅名表記が「くまがや駅」と平仮名になっている。
撮影：荻原二郎

熊谷駅（現在）
上越新幹線が開業するなど改築を重ね、駅の印象は大きく変わった。改札口などは2階に設けられている。

熊谷駅南口（現在）
昭和58(1983)年に新しく設けられた南口。開設以来、駅南側の発展も著しい。

「日本一暑い街」として知られる熊谷。日本初の私鉄である日本鉄道の最初の開業区間が、明治16(1883)年7月28日に開通した上野～熊谷間であり、約3ヶ月後に本庄へ延伸されるまでのわずかな期間、終着駅であった。熊谷市は人口約20万を擁する埼玉県北部最大の都市であり、1日あたりの駅の乗車人員も約3万人と宇都宮駅や高崎駅に匹敵する。上越新幹線も停車する重要なターミナル駅である。

また明治34(1901)年には上武鉄道が熊谷～寄居間を開通させるなど、明治中期以降は東西に延びる鉄道建設が進められた。上武鉄道は1916(大正5)年に秩父鉄道と改称、昭和5(1930)年には現在の秩父本線である羽生～三峰口間が全通している。秩父鉄道の開通により、熊谷の都市圏は大きく広がり、また秩父鉄道で輸送される石灰石列車も熊谷駅から高崎線に乗り入れるなど、熊谷駅は物流の拠点としても大きな役目を果たしている。なお熊谷駅の貨物取扱いは、昭和54(1959)年に新設された駅北側の熊谷貨物ターミナルに移転している。

現在の熊谷駅は昭和38(1963)年に建てられた橋上駅だが、その後も新幹線の開業などにより改築を繰り返している。正面玄関は北口であり、ロータリーには『平家物語』で知られる武将・熊谷直実の像が立つ。

EF15形電気機関車が貨物列車を牽引（昭和37年）
EF15形は昭和30年代の貨物牽引の主力機関車。貨物駅に進入するため、デッキ部分に手旗信号を持った係員が乗り込んでいる。

客車列車（昭和37年）
熊谷駅に到着する、水上発上野行き732列車。途中の高崎駅で長野発322列車を併結して運転されていた。

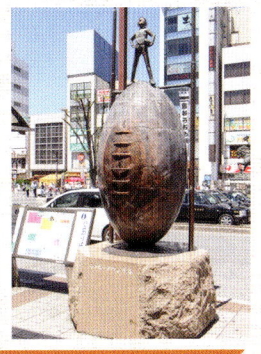

ラグビーボールのモニュメント（現在）
熊谷市はラグビーの町としてのアピールを続けていて、北口ロータリーには「ラグビータウン」のモニュメントがある。

北口駅前の様子（現在）
人口20万を擁する新幹線停車駅だけあって、駅前の町並みも県庁所在地並みの賑わいぶりを見せている。

熊谷の市街地（昭和戦前期）
熊谷は米や繭の集積地として発展をとげた。染色業も盛んで、大正期には「友禅染」の技法が採り入れられていた。

秩父鉄道線（現在）
JR駅に隣接して秩父鉄道秩父本線が接続、東は羽生市や行田市、西は秩父市や三峰口まで行くことができる。

古地図探訪
昭和32年／熊谷駅付近

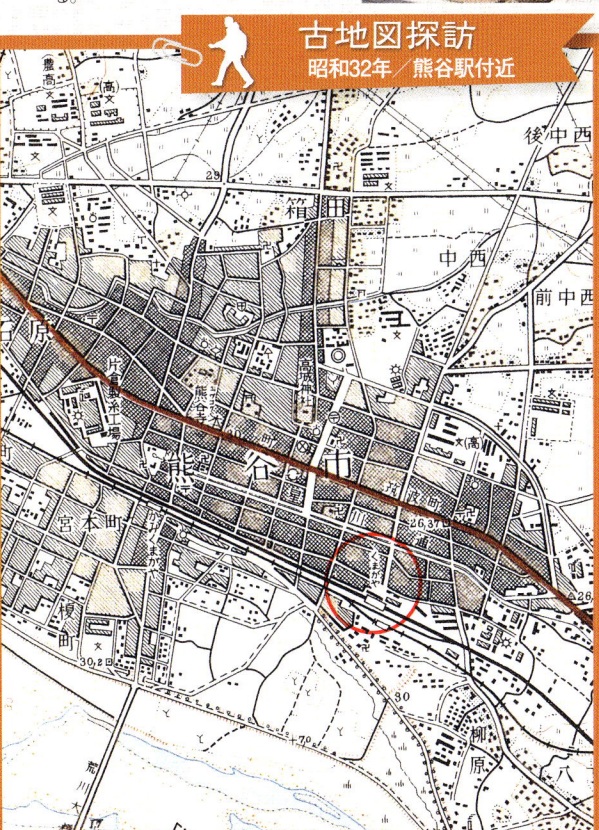

　高崎線には熊谷駅、その南側を走る秩父鉄道秩父本線には、熊谷駅と上熊谷駅がある。また、この当時は東武熊谷線が存在し、秩父鉄道と同じルートを通って上熊谷駅を共同使用していた。この東武熊谷線は、熊谷駅と妻沼駅を結んでいたが、昭和58(1983)年に廃止された。現在は、このルートを上越新幹線が通っている。
　地図上では、東北線の北側を中山道（国道17号）が通り、南側を荒川が流れている。荒川大橋東側の河川敷には、桑畑の地図記号が広がっているが、現在は熊谷荒川緑地、荒川運動公園、荒川公園などになっている。一方、熊谷駅の北西、中山道の北側には、高城神社と熊谷寺(ゆうこくじ)が存在する。この熊谷寺は、蓮生山の山号をもつ浄土宗の寺院で、『平家物語』に登場する平安・鎌倉時代の武将、熊谷直実ゆかりの場所である。平家との戦いを終えた直実は、出家して蓮生法師となり、熊谷館の一郭に庵を設けたという。熊谷寺はその後、天正19(1591)年に建立された。

かごはら・ふかや

籠原・深谷

車両基地を併設する籠原駅
ミニ東京駅赤レンガ駅舎の熊谷駅

籠原

開業年	明治42(1909)年12月16日
所在地	埼玉県熊谷市新堀713
キロ程	41.0km(大宮起点)
駅構造	地上駅(橋上駅)
ホーム	2面4線
乗車人員	14,716人　*2014年度

深谷

開業年	明治16(1883)年10月21日
所在地	埼玉県深谷市西島町3-1-8
キロ程	45.8km(大宮起点)
駅構造	地上駅(橋上駅)
ホーム	2面3線
乗車人員	9,832人　*2014年度

籠原駅南口(現在)
熊谷市北部の住宅街に位置し、深谷駅や本庄駅など市の玄関駅である特急停車駅より、乗車人員ははるかに多い。

籠原駅北口(現在)
橋上駅となる前からの駅舎があった北口。平成23(2011)年に駅ビル「E'site籠原」がオープンしている。

籠原駅(昭和62年)
昭和62(1987)年に橋上駅となるまで使われていた旧駅舎。近年は区画整理により、駅前の風景も大きく変わっている。

高崎車両センター籠原派出所(現在)
籠原駅は車両基地を併設する高崎線の重要な拠点であり、高崎線列車の約半数が当駅止まりとなる。

　「籠原」という駅名は、沿線の人々にはお馴染みだろう。昭和44(1969)年に電車区(現・高崎車両センター籠原派出所)が設置されて以降、高崎線の重要な車両基地となり、多くの列車が籠原駅を始発・終着とするようになった。15両編成の列車は原則として籠原駅止まりであり、当駅を境に列車の本数は半減する。また高崎方面に直通する列車であっても、15両編成の場合は当駅で増結編成を切り離される。始発列車が多いため、朝ラッシュ時でも「座れる駅」である籠原は駅周辺も宅地化が進み、利用者も多い。
　深谷駅は赤レンガの東京駅丸ノ内駅舎のミニチュア版駅舎を持つことで知られる。深谷は渋沢栄一の出身地であり、渋沢の主導によって設立された日本煉瓦製造が、深谷の土を原料としてレンガを製造していたのである。東京駅の赤レンガ駅舎にも深谷産のレンガが大量に使用され、その縁で平成8(1996)年に現駅舎が建てられた。また駅前には渋沢栄一の像も建てられている。
　ホームは2面3線構造だが、3番線のみ15両編成が停車することができる。そのため、原則として籠原駅以北は10両編成での運転となっているものの、深谷駅始発・終着の列車のみ15両編成が乗り入れ、本数は少ないが朝のラッシュ時などに深谷始発の列車が設定されている。

深谷駅（昭和46年）
現在の駅舎に改築される前は、シンプルなスタイルの木造駅舎だった。屋根のアクセントは後年には取り除かれている。

渋沢栄一像
北口前、渋沢の号・青淵にちなんで名付けられた青淵広場には渋沢栄一の像が立つ。

深谷の瓦製造工場（昭和戦前期）
江戸時代中期以降に発展し、銀色に輝く「深谷瓦」として人気を保っている。

深谷駅（現在）
まさしく東京駅のミニチュア版だが、外壁は本物のレンガではなく、レンガに似せたタイルが使われている。

深谷駅を通過する181系特急「とき」（昭和53年）
全盛期には13往復を数えるまで成長し、東北線の「ひばり」とともに、上野口のエル特急の横綱格であった。

特急草津（現在）
深谷駅に停車する特急「草津」。長らく185系が使われていたが、平成26（2014）年より651系で運用されている。

古地図探訪　昭和33年／深谷駅付近

深谷駅周辺を除けば、広く農地が見える。現在でも県下有数の農業地帯だが、古くから日本一の出荷量を誇る「深谷ねぎ」の産地として全国にも知られており、また、実業家の渋沢栄一の故郷地としても有名である。高崎線に置かれた深谷駅の北側を、くの字形に折れて東西に進むのが中山道（国道17号）で、その南に旧中山道が見える。

駅の南西側には、滝ノ宮神社、女子高校、平忠度墓の文字が見える。このうちの女子高校は現在の県立深谷第一高校で、明治41（1908）年に深谷女子実業補習学校として創立され、昭和51（1976）年に男女共学となった名門校である。また、平忠度は歌人としても知られる平家の武将だが、源平合戦の折に兵庫・一の谷合戦で戦死している。このときに忠度を討ったのが源氏の武将、岡部忠澄で、自らの領地の高台にその墓を建て弔った。地図の右端に見える専用線には、昭和50年に廃止された日本煉瓦専用線である。

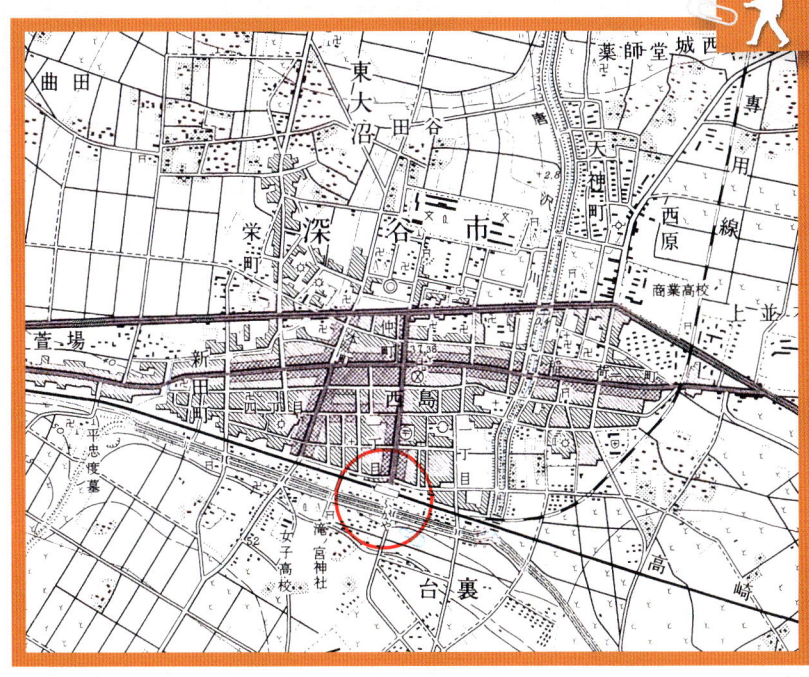

おかべ・ほんじょう・じんぼはら

岡部・本庄・神保原

本庄市の中心駅である本庄と、
ローカル色の強い埼玉県北部の2駅

岡部
開業年	明治42(1909)年12月16日
所在地	埼玉県深谷市岡2661-3
キロ程	50.1km(大宮起点)
駅構造	地上駅
ホーム	2面4線
乗車人員	3,197人　*2014年度

本庄
開業年	明治16(1883)年10月21日
所在地	埼玉県本庄市銀座3-6-19
キロ程	55.7km(大宮起点)
駅構造	地上駅(橋上駅)
ホーム	2面3線
乗車人員	10,051人　*2014年度

神保原
開業年	明治30(1897)年11月15日
所在地	埼玉県児玉郡上里町大字神保原町267-5
キロ程	59.7km(大宮起点)
駅構造	地上駅
ホーム	2面3線
乗車人員	2,822人　*2014年度

本庄駅（昭和42年頃）
昭和62(1987)年に橋上駅化されるまで使われていた本庄駅舎。小ぶりながら洒落た外観の駅舎だった。

提供：本庄市

本庄駅南口（現在）
ロータリーが整備された南口。上越新幹線本庄早稲田駅との間にはシャトルバスが運行されている。

神保原駅（現在）
駅舎は旧街道筋の北側に建っているが、南側とは自由通路で結ばれ、南側にもロータリーが整備されるなど駅前のような雰囲気

岡部駅（現在）
昔ながらの駅舎が今も健在。岡部六弥太忠澄の出身地であることから、駅前には立派な歴史案内地図が掲示されている。

　明治42(1909)年に開設された岡部駅は、かつて新日本石油（現・JX日鉱日石エネルギー）岡部油槽所（平成24年廃止）への専用線が分岐し、石油輸送列車が発着していたことで知られる。また現在も駅に隣接する関東分岐器岡部工場とは専用線で結ばれている。なお岡部は、『平家物語』に登場し、一ノ谷の合戦で平忠度を討ったことで知られる岡部六弥太忠澄ゆかりの地として知られ、忠澄の墓も駅近くにある。

　本庄駅は熊谷駅から延伸された日本鉄道線の終点として開業。新町に延伸されるまでのわずか2ヶ月間、終着駅であった。大正～昭和初期の十数年間は、養蚕で栄えていた児玉町とを結ぶ本庄電気軌道が接続、乗り換え駅として賑わっていた。現在は人口8万人を数える本庄市の中心駅であり利用客も多く、特急列車も全列車が停車する。なお、平成16(2004)年に開業した上越新幹線の本庄早稲田駅とは、直線距離で約2kmほど離れており、シャトルバスで結ばれている。

　埼玉県内で最北端の駅が神保原駅である。JR東日本から発売の「休日おでかけパス」は当駅が高崎線の最北端駅となる。開業は明治30(1897)年と古く、人口3万人を数える上里町で唯一の駅。町役場も駅から近いが、駅利用者はさほど多くない。

特急「とき」(昭和57年)
昭和37(1962)年に上越線初の特急として登場した「とき」。上野〜新潟間を約4時間で結び、その列車名は上越新幹線にも引き継がれた。

特急「はくたか」(昭和57年)
上野〜金沢間を結んだ特急「はくたか」。その列車名は後に越後湯沢〜金沢間の特急に、そして北陸新幹線へと受け継がれている。

特急「とき」(昭和57年)
ボンネットではない通常タイプの183系。途中から増備車はすべてこのスマートなスタイルとなった。

特急「いなほ」(昭和57年)
上野から秋田までの所要時間約7時間半は、奥羽本線経由の「つばさ」とほぼ同じだった。

鉄橋を渡る普通列車(昭和57年)
岡部〜本庄間で115系が鉄橋を渡る。さすがに昭和50年代後半になると、普通列車も電車が一般的になった。

急行「佐渡」(昭和57年)
165系で運転され、上野〜新潟間を結んだ急行「佐渡」。特急「とき」を補完する役目を果たし、昭和60(1985)年に廃止されている。

貨物列車が通過(現在)
神保原駅を石油輸送の貨物列車が通過する。かつてに比べると減ったとはいえ、高崎線ではまだまだ貨物列車を目にする機会は多い。

神保原駅ホーム(現在)
深谷駅以北では、ホームの有効長は10両編成まで。それでもローカル然とした駅の雰囲気に比べると長く感じてしまう。

古地図探訪 昭和38年／本庄駅付近

北に利根川の流れがあり、その南を中山道(国道17号)、高崎線が走る形である。なお、現在は地図のさらに南側を上越新幹線が通り、本庄駅に対応する形で、本庄早稲田駅が置かれている。中山道六十九次のちょうど10番目の宿場から発展した本庄市の歴史を示すように、市内をゆるやかにカーブしながら横切る道路が、旧中山道だった県道392号で、かつてはこの道路が国道17号だった。現在も駅北東にある県道31号との交差点が「中山道交差点」と呼ばれている。この旧中山道沿いには上町、仲町、台町などの町名が見え、本町、七軒町などの町名も見える。こうした町名はその後、整理され、現在の住居表示は本庄、中央などに変わっている。注目したいのは、駅の所在地となっている「銀座」で、駅の北西に銀座1〜3丁目が広がる。以前はこのあたりに本庄市役所があったが、現在は駅北の本庄3丁目に移転している。

しんまち・くらがの
新町・倉賀野

高崎市の飛び地・旧新町の玄関駅と
八高線が分岐する貨物の拠点・倉賀野

新町

開業年	明治16(1883)年12月27日
所在地	群馬県高崎市新町2150
キロ程	64.2km(大宮起点)
駅構造	地上駅
ホーム	2面3線(実質2面2線)
乗車人員	3,621人 *2014年度

倉賀野

開業年	明治27(1894)年5月1日
所在地	群馬県高崎市倉賀野町1797
キロ程	70.3km(大宮起点)
駅構造	地上駅(橋上駅)
ホーム	2面4線
乗車人員	1,638人 *2014年度

撮影:荻原二郎

新町駅(昭和46年)
旧新町の玄関駅として、小さな駅舎にもかかわらず広いロータリーと立派な噴水を持っている。

新町駅(現在)
40年前と雰囲気はほとんど変わらないが、新町が高崎市の飛び地になり、独立した自治体ではなくなった。

新町駅ホーム(現在)
古い歴史を持つ駅だけあって、ホーム上には明治43(1910)年に建てられた赤レンガのランプ小屋が残されている。

　群馬県最初の駅である新町駅は、平成18(2006)年に高崎市と合併し、現在は高崎市の飛び地となっている旧・新町で唯一の駅。江戸時代に旧中山道の宿場町として栄えた歴史を持ち、日本鉄道の延伸時は約半年のあいだ終着駅であった。小さな町の駅でありながら、駅周辺には工場が多く立地するため活気があり、特急列車も停車する。駅舎は改装されているものの木造駅舎のままで、ホームには明治43(1910)年築の赤レンガ造のランプ小屋も残されている。

　新町駅と同様、中山道の宿場町であった倉賀野宿に近い倉賀野駅は、八高線との接続駅。寄居・高麗川方面に向かうディーゼルカーも発着し、八高線の全列車が高崎駅まで乗り入れている。しかし乗り換え駅にもかかわらず利用者は少なく、むしろ貨物駅として発展した歴史を持つ。操車場は駅東側に設けられ、かつては周辺の各工場へ何本もの専用線が延びていた。現在も日本オイルターミナル高崎営業所と直接結ばれ、石油輸送が行なわれている。またコンテナホームも設けられ、倉賀野駅始発のコンテナ列車も運行される。なお八高線は新町～倉賀野間のほぼ中間で高崎線に合流し、合流地点に北藤岡駅が設けられているが、高崎線側にホームはなく八高線の列車のみ停車している。

倉賀野駅（現在）
まるで貨物か保線の施設のような倉賀野駅。乗り換え駅にもかかわらず利用者は少ない。

倉賀野駅ホーム（現在）
草むした幅広のホームに高崎線列車が入線。八高線の列車も同一ホームから発着している。

コンテナ列車を牽引（現在）
倉賀野駅は旅客駅というよりも、むしろ貨物駅としての重要性の方が高く、駅構内と操車場を行き交う貨物列車も見ることができる。

EF210形電気機関車
平成8（1996）年から製造されているEF210形は、大出力かつ省エネの機関車であり、「ECO-POWER 桃太郎」の愛称で親しまれている。

撮影：高橋義雄

特急「とき」（昭和53年）
183系特急のヘッドマークは、昭和53（1978）年10月のダイヤ改正でイラスト化された。写真は文字だけのヘッドマークの最末期の姿。

撮影：高橋義雄

昭和7年の時刻表（上野～高崎間）

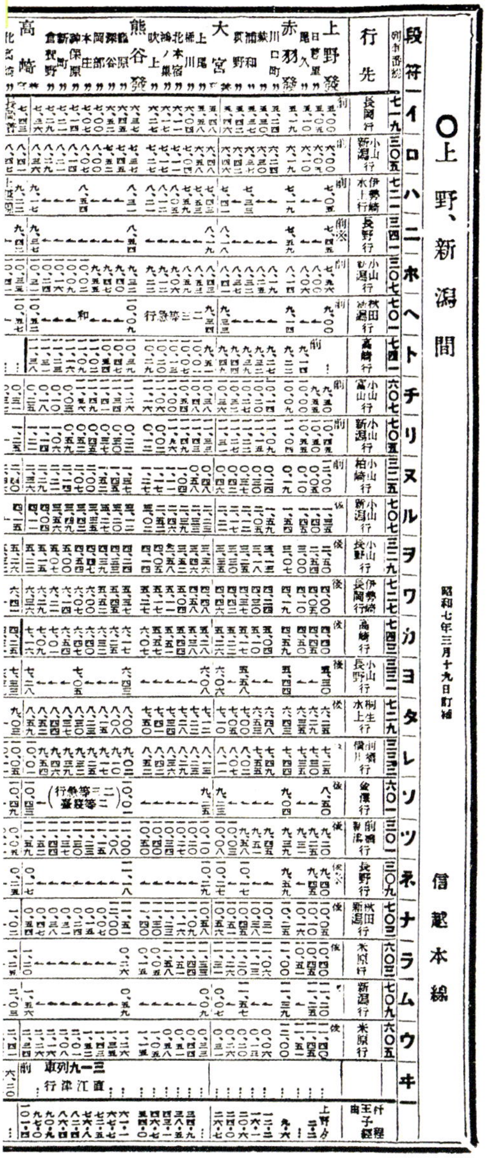

当時の上野～高崎間の所要時間は普通列車で2時間40分前後、急行列車で1時間50分ほどであった。

89

たかさき

高崎

前橋との鉄道建設競争に勝ち抜いた北関東随一の鉄道ターミナル

開業年	明治17(1884)年5月1日
所在地	群馬県高崎市八島町222
キロ程	74.7km(大宮起点)
駅構造	地上駅(橋上駅)
ホーム	3面7線、新幹線2面4線
乗車人員	29,111人 *2014年度

高崎駅(昭和31年)
大正6(1917)年に竣功した、3代目となる高崎駅。現在の西口に建ち、昭和55(1980)年に上越新幹線建設に伴う駅改良工事によって取り壊されている。

高崎駅(昭和戦前期)
中央を広く取り、両側に駅務室や待合室を機能的に配した、駅舎建築のお手本ともいえる旧高崎駅。現駅舎の階段の側壁に、タイルで旧駅舎が描かれている。

高崎駅(現在)
旧駅舎のあった場所に建て替えられた駅ビル「モントレー」。北関東では最大規模のターミナルビルである。

所蔵：生田 誠

　群馬県の二大都市である前橋市と高崎市は、古くからのライバル関係で知られる。明治時代、県庁所在地の座は前橋に渡ったものの、鉄道の要衝としての地位は高崎が得た。その背景には両都市の地理的条件が大きく、信越方面に鉄道を延長する際、前橋起点だとどうしても利根川を越えねばならず、架橋技術や費用の面で著しく不利だったのである。前橋が終点だった日本鉄道線は、国有化の後に"高崎線"となり、高崎駅は信越本線および上越線の起点となる。さらには両毛線・吾妻線も高崎駅を起点として運転されるなど、北関東屈指のターミナル駅へと発展してゆくことになる。

　新幹線開業前は上越線「とき」や信越本線「あさま」など数多くの特急列車が停車していたが、上越・北陸新幹線の開業により在来線の特急は大半が姿を消した。しかし首都圏方面を中心に各方面への列車が発着し、下仁田とを結ぶ上信電鉄も接続するなど、駅は常に賑わいをみせている。また駅南側には高崎車両センター高崎支所が置かれ、快速「SLみなかみ」で運用されるD51形蒸気機関車などが所属する。なお倉賀野～高崎間にはJR貨物の高崎操車場や高崎機関区が置かれており、倉賀野を発車して高崎駅に到着するまでの間、鉄道ファンは車窓から目が離せない。

高崎駅（昭和44年）
現在の東口のあった場所にも駅舎があった。こちらも上越新幹線の高架線工事のため取り壊され、橋上駅化によって東西が自由通路で結ばれるようになる。
撮影：荻原二郎

80系とキハ59系（昭和37年）
高崎駅にて並ぶキハ58系気動車と80系電車。ともに普通列車から優等列車まで幅広く活躍した。
撮影：荻原二郎

高崎駅（現在）
現在の東口の様子。西口に比べるとシンプルな構造だが、賑わいでは負けていない。

上越新幹線の200系（平成20年）
200系は東北・上越新幹線の開業に合わせて登場。平成25年までに全車が引退した。

古地図探訪
昭和30年／高崎駅付近

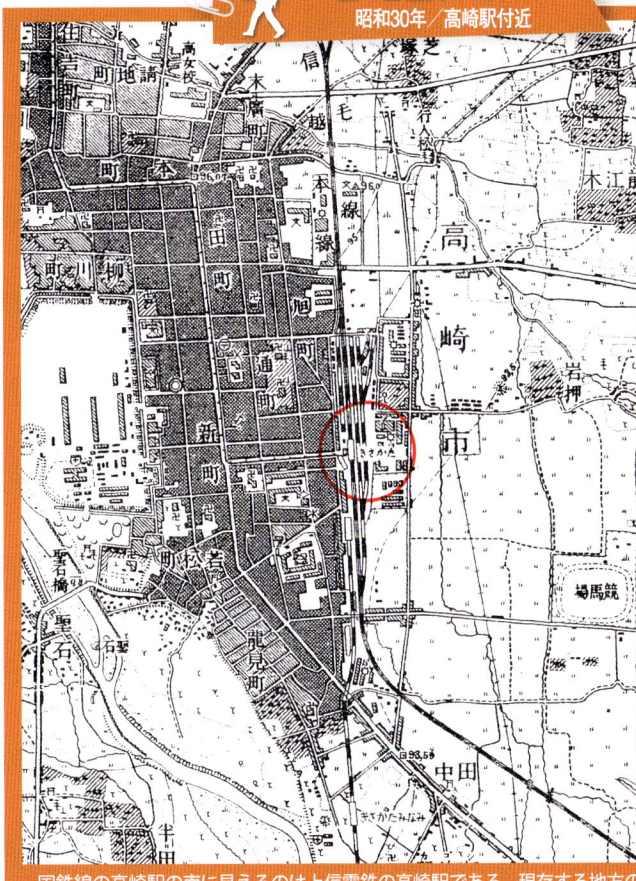

国鉄線の高崎駅の南に見えるのは上信電鉄の高崎駅である。現存する地方の民鉄（大手以外）の中では、伊予鉄道に次いで二番目に古い、明治30（1897）年開業の長い歴史をもつ鉄道線の起終点であるが、次の南高崎駅は昭和10（1935）年、下和田駅として開業した比較的新しい駅。現在は無人駅となっている。国鉄線は、南から延びてきた高崎線がこの駅で終わり、ここから北には上越線、信越線が分かれて進んでいく。現在は上越新幹線が加わり、こちらも高崎駅を出てしばらくすると上越、北陸新幹線に分岐してゆく。

駅周辺の施設、建物では南東にあった高崎競馬場が目につく。大正13（1924）年から続いてきた地方競馬場だが、平成16（2004）年に廃止された。駅のすぐ西側にある「文」の地図記号は、高崎市立南小学校で、明治33（1900）年に高崎尋常小学校南分校から出発し、110年以上の歴史をもつ。また、駅の北西には高崎市役所が見えるが、現在は移転、改築され、少し位置が変わっている。

特急「いなほ」（昭和46年）
ブルドッグのようなボンネットが印象的なキハ81系で運転されていた当時の特急「いなほ」。「いなほ」が電車化されるのは、羽越本線の電化が完成した昭和47（1972）年のことである。

特急「とき」（昭和49年）
1番ホームに停車中の特急「とき」。そのほか「あさま」や「いなほ」も加わり、上野〜高崎間の特急の本数は相当なものだった。

高崎駅ホーム（昭和49年）
1番ホームから眺める。遠くに客車列車も停車しているが、電車特急から客車まで揃う最後の時代であった。

高崎駅ホーム（現在）
現在の在来線ホームで特急列車を見ることは少ないが、普通列車も湘南色の115系や107系など、都心では見られなくなった国鉄時代の車両も元気に活躍している。

クハニ67形（昭和49年）
クハニ67形は、いわゆる40系と総称される旧型電車のひとつ。信越本線高崎〜横川間で余生を送っていた。

高崎駅4・5番ホーム（昭和55年）

高崎線の長編成を主体にホームが作られているので、短編成のローカル列車ではホームが余った。先端が階段の降り口にも届いていない。

撮影：岩堀春夫

八高線のキハ110系（現在）

高崎駅に乗り入れる列車では唯一、非電化の八高線を走るキハ110系。高崎～高麗川間で運転されている。

高崎機関区（昭和51年）

駅だけでなく、高崎は車両基地も併設する"鉄道の町"。全廃が数年後に迫っていたEF12形電気機関車など、さまざまな機関車を見ることができた。

リバイバル特急「そよかぜ」（平成24年）

かつて上野～軽井沢間で運行されていた臨時特急「そよかぜ」のリバイバル列車。車両は157系風に塗装した185系だった。

特別塗装のキハ110系（平成27年）

八高線の全通80周年を記念し、平成26（2014）年に登場した特別デザインのキハ110系。

上信電鉄高崎駅（現在）

高崎～下仁田間を結ぶ上信電鉄はJR高崎駅に隣接している。世界文化遺産に登録された富岡製糸場が沿線にあり、近年は観光路線としても人気を集めている。

しんまえばし・まえばし

新前橋・前橋

日本鉄道の終点だった県庁所在地駅と
上越線・両毛線が分岐する新前橋駅

新前橋

開業年	大正10(1921)年7月1日
所在地	群馬県前橋市古市町471
キロ程	112.3km（東京起点）
駅構造	地上駅（橋上駅）
ホーム	2面4線
乗車人員	5,845人　*2014年度

前橋

開業年	明治22(1889)年11月20日
所在地	群馬県表町2-367-1
キロ程	114.8km（東京起点）
駅構造	高架駅
ホーム	2面3線
乗車人員	10,035人　*2014年度

新前橋駅（昭和44年）
大正10(1921)年の開業時に建てられた旧駅舎。県都・前橋の第二の玄関駅という位置づけであった。

撮影：荻原二郎

新前橋駅の211系（現在）
つい近年まで宇都宮線・高崎線の主力車両だった211系。現在は両毛線で活躍している。

新前橋駅（現在）
現在の駅舎は昭和58(1983)年に建てられた橋上駅。駅に隣接して高崎車両センターの留置線が広がっている。

　日本鉄道が高崎駅から延伸され、前橋駅が開設されたのは明治17(1884)年8月。ただ、この初代・前橋駅は現在の駅とは異なり、利根川の西岸に設けられた。その後、両毛鉄道（現・両毛線）の開通により明治22(1889)年に現・前橋駅が開業、日本鉄道とも結ばれている。日本鉄道の設立には前橋の資本も多く参加しており、この時点では前橋駅が日本鉄道の終点だったのである。

　しかし、その後の路線網は高崎駅を中心に構築され、昭和6(1931)年に全通した上越線は利根川西岸の新前橋駅で分岐、前橋駅は両毛線の途中駅という位置づけになり新幹線のルートからも外れてしまった。とはいえ群馬県の県庁所在地駅であることに変わりはなく、両毛線から優等列車が姿を消した後も首都圏への特急列車が維持されている。

　一方の新前橋駅は、利根川西岸で前橋市街に最も近い位置に設けられた、上越線と両毛線の分岐駅。当初は上越線の起点が新前橋駅であったが、昭和32(1931)年に高崎〜新前橋間が上越線に編入され、両毛線の方が分岐する形に変更されている。駅構内に高崎車両センター（旧・新前橋電車区）があり、運行上の重要な拠点となっている。駅の乗車人員自体はさほど多くないが、駅構内での乗り換え客は多い。

前橋駅（昭和44年）
昭和2（1927）年に建てられた洋風の旧駅舎。高架化により取り壊されるまで、県都・前橋のシンボルとして愛されてきた。
撮影：山田虎雄

前橋駅北口（現在）
従来からの前橋駅の表玄関。シンプルなデザインだが、今後は駅前広場に駅ビルの建設も計画されている。

前橋駅南口（現在）
高架化により開設された南口。旧駅舎の意匠を参考にしたデザインが採用されている。

両毛線の列車（昭和35年）
今では普通列車主体の両毛線だが、かつては快速列車もかなりの本数が運転され、高崎〜宇都宮間を直通する快速列車も運転されていた。
撮影：荻原二郎

新前橋駅ホーム（現在）
当駅では写真のE233系の他、E231、115系、107系などの車両の姿を見ることができる。

群馬県庁（昭和戦前期）
昭和3年に建設、平成11年まで使用され、「昭和庁舎」と呼ばれて親しまれた。

伊香保電車（昭和戦前期）
伊香保電車の前橋線は、昭和29年まで市民の足として走り続けた。

藤原 浩（ふじわら ひろし）
大阪府泉大津市生まれ。慶應義塾大学文学部卒。教職を経て鉄道・旅行ライターとなり、現在も泉大津市在住。著書に『南海電鉄　昭和の記憶』（彩流社）、『シベリア鉄道』『宮沢賢治とサハリン』（東洋書店ユーラシアブックレット）、『ゆったり鉄道の旅　近畿』（山と渓谷社）など多数。

【古地図解説】
生田 誠
昭和32年生まれ。東京大学文学部美術史学専修課程修了。産経新聞東京本社文化部記者を経て、現在は地域史・絵葉書研究家。

【写真撮影者】
伊藤昭、伊藤威信、岩堀春夫、上原庸行、江本廣一、小川峯生、荻原二郎、高橋義雄、竹中泰彦、山田虎雄、吉村光夫

【写真提供機関】
上尾市、川口鋳物工業協同組合、北区、久喜市、熊谷市、さいたま市、下野市、白岡市、那須野が原博物館、蓮田市、本庄市

【絵葉書提供】
生田 誠

京浜東北線・宇都宮線・高崎線　街と駅の1世紀
（けいひんとうほくせん　うつのみやせん　たかさきせん）（まち　えき　せいき）

発行日………………2015年9月5日　第1刷　※定価はカバーに表示してあります。

著者……………………藤原 浩
発行者…………………佐藤英豪
発行所…………………株式会社アルファベータブックス
　　　　　　　　　　〒102-0072　東京都千代田区飯田橋2-14-5　定谷ビル2階
　　　　　　　　　　http://ab-books.hondana.jp/
　　　　　　　　　　・本書内容についてのお問い合わせは、下記までお願いいたします。
　　　　　　　　　　【メール】henshuubu@photo-pub.co.jp　【TEL】03-5988-8951
編集協力………………株式会社フォト・パブリッシング
装丁・デザイン・DTP …古林茂春（STUDIO ESPACE）
印刷・製本……………モリモト印刷株式会社

ISBN 978-4-86598-804-8 C0026
本書は日本出版著作権協会（JPCA）が委託管理する著作物です。
複写（コピー）・複製、その他著作物の利用については、事前にJPCA（電話03-3812-9424、e-mail:info@jpca.jp.net）の許諾を得てください。
なお、無断でのコピー・スキャン・デジタル化等の複製は著作権法上での例外を除き、著作権法違反となります。